Heinrich Herner, Bernhard Harms

Hafenabgaben und Schiffsvermessung

Ein kritischer Beitrag zur Würdigung ihrer technischen, wirtschaftlichen und statistischen Bedeutung

Heinrich Herner, Bernhard Harms

Hafenabgaben und Schiffsvermessung

Ein kritischer Beitrag zur Würdigung ihrer technischen, wirtschaftlichen und statistischen Bedeutung

ISBN/EAN: 9783954272907
Erscheinungsjahr: 2013
Erscheinungsort: Bremen, Deutschland

© maritimepress in Europäischer Hochschulverlag GmbH & Co. KG, Fahrenheitstr. 1, 28359 Bremen. Alle Rechte beim Verlag und bei den jeweiligen Lizenzgebern.

www.maritimepress.de | office@maritimepress.de

Bei diesem Titel handelt es sich um den Nachdruck eines historischen, lange vergriffenen Buches. Da elektronische Druckvorlagen für diese Titel nicht existieren, musste auf alte Vorlagen zurückgegriffen werden. Hieraus zwangsläufig resultierende Qualitätsverluste bitten wir zu entschuldigen.

Probleme der Weltwirtschaft

Schriften des Instituts für Seeverkehr und Weltwirtschaft
an der Universität Kiel

Herausgegeben von Prof. Dr. Bernhard Harms

11.

Hafenabgaben und Schiffsvermessung

Ein kritischer Beitrag zur Würdigung
ihrer technischen, wirtschaftlichen und statistischen Bedeutung

Von

Dipl.-Ing. **Heinrich Herner**
Oberlehrer an der Kgl. höheren Schiff- und Maschinenbauschule, Kiel

Mit 9 Tafeln

Jena
Verlag von Gustav Fischer
1912

Vorwort.

Die Frage der Schiffsvermessung ist meines Wissens niemals in unmittelbarem Zusammenhange mit der Frage der Hafenabgaben eingehender erörtert worden. Vielleicht beruht hierauf der Mißerfolg jedes bisher an der Schiffsvermessungsordnung gemachten Reformvorschlages. Schiffsvermessung und Hafenabgaben gehören zusammen. In der Hauptsache dienen die Daten der Schiffsvermessung den Hafenabgaben als Basis. Um die Gegenleistungen der Schiffe bei Benutzung einer Hafenanlage festsetzen zu können, wurden die ersten Schiffsvermessungen überhaupt ausgeführt. Daraus ergibt sich die wirtschaftliche Bedeutung der Schiffsvermessung. Eine Änderung der Schiffsvermessung muß daher neben dem technischen Standpunkt auch den wirtschaftlichen gebührend vertreten.

Die Hafenabgaben sind ein wichtiger Faktor für die Ausdehnung der Schiffahrt und damit des Seehandels überhaupt geworden. In solchem Zusammenhange wird daher die Erörterung der Hafenabgaben und der Schiffsvermessung zu einem weltwirtschaftlichem Problem.

In der Ausführung meiner Arbeit habe ich mich nicht ängstlich an Einzelheiten gehalten. Davon haben die englischen Tonnagekonferenzen mehr als genug gebracht, ohne daß sie die nötigen Schlüsse daraus gezogen oder Positives damit erreicht hätten. Mir kam es vielmehr darauf an, das notwendige klar zu geben. Ich glaube damit der Sache besser gedient zu haben, als wenn ich breit alle Einzelheiten gebracht hätte. Und doch hoffe ich, keinen wichtigen Punkt übersehen zu haben.

Die Arbeit ist im Institut für Seeverkehr und Weltwirtschaft in Kiel unter anregender Förderung seitens Herrn Professor Dr. Harms entstanden.

Ihm wie allen Reedereien, Hafenbehörden und Dockgesellschaften, die mich durch Überlassung von Material in liebenswürdigster Weise unterstützt haben, verfehle ich nicht, auch an dieser Stelle meinen aufrichtigsten Dank auszusprechen.

Kiel, im November 1912.

Herner.

Inhaltsverzeichnis.

	Seite
Vorwort	III
Inhaltsverzeichnis	V
Einleitung	1

I.
Die Hafenabgaben.

A. Grundsätzliche Art ihrer Erhebung	5
a) Hafenabgaben im engeren Sinne	5
1. Ihre Anpassung an die Zahlungsfähigkeit des Reeders	5
2. Die Anpassung der Hafenabgaben an den Wert des Schiffes bzw. der Ladung	8
α) Die Transportleistungsfähigkeit bzw. die Ladefähigkeit	8
β) Die Anpassung der Hafenabgaben an den Laderaum	13
b) Hafenabgaben im weiteren Sinne	17
B. Erhebungsformen für die Hafenabgaben	23
C. Erhebungsbeispiele	32

II.
Die Schiffsvermessung.

A. Ihr Zweck	53
a) Allgemeiner Wertfaktor für das Schiff	53
b) Die Schiffsvermessung als Grundlage für die Bemessung der Hafenabgaben	55
B. Die Formen der Schiffsvermessung	56
a) Die früheren Schiffsvermessungsvorschriften	56
1. die Monsonsche Regel	56
2. Builders Old Measurement (B O M-Verfahren)	58
3. Das englische New Measurement	59
4. The Merchant Shipping Act vom Jahre 1854	61
5. Weitere ältere Vermessungsverfahren außerdeutscher Staaten	63
6. Ältere Vermessungsvorschriften in deutschen Staaten	65
7. Die deutschen Schiffsvermessungsordnungen von den Jahren 1872 und 1888	65
b) Die heutigen Vermessungsvorschriften	67
1. Die internationalen Vorschriften	67
2 Die Vermessungsvorschriften für die Fahrt durch den Suezkanal	84

	Seite
C. **Vermessungsbeispiele**	90
a) Für die nationale Vermessung	90
b) Für die Suezvermessung	99

III.
Die Neugestaltung der Hafenabgaben und der Schiffsvermessung.

A. **Die Neugestaltung der Hafenabgaben**	106
B. **Die Neugestaltung der Schiffsvermessung**	113
a) Bisherige Vorschläge	113
b) Neue Vorschläge	117
C. **Der Einfluß der Neugestaltung der Schiffsvermessung auf technischem, wirtschaftlichem und statistischem Gebiete**	123
a) Auf technischem Gebiete	123
b) Der Einfluß der neuen Schiffsvermessung auf wirtschaftlichem Gebiete .	125
c) Der Einfluß der neuen Schiffsvermessung auf statistischem Gebiete . . .	127

Einleitung.

Der Ausspruch, den der Staatssekretär Blaine im Jahre 1889 auf der Washingtoner Konferenz zur Festsetzung internationaler Ausweichregeln getan hatte: „The law of the Ocean must be one" ist bei der Bremer Tagung des Comité Maritime International im September 1909 durch den Präsidenten des Hanseatischen Oberlandesgerichts Dr. Sieveking in: „The law of the Ocean can be one"[1]) ergänzt und geändert worden. Auf kaum ein anderes Aufsichts- und Verwaltungsgebiet der Schiffahrt treffen beide Worte so zu wie auf das der Schiffsvermessung und der Hafenabgaben. Ist doch der Grundsatz, daß die in den Seehäfen erhobenen Abgaben nur ein Äquivalent für die Benutzung der Schiffahrtsanstalten bieten und keinen Nutzen bringen sollen, so übereinstimmend von den für die Schiffahrt hauptsächlich in Betracht kommenden Staaten angenommen, daß damit einer einheitlichen Gestaltung der Hafenabgaben und der Schiffsvermessung die Wege gebahnt sind, wie sich andererseits in der allgemeinen Anerkennung des Nutzens der Schiffahrt als ein die Last der Abgaben überwiegender Verkehrsfaktor die Regelung der Hafenabgaben sowie die Festlegung der Grundlage, auf welcher sie erhoben werden, also der Schiffsvermessung, als ein weltwirtschaftliches Problem von ganz allgemein gültiger Bedeutung kennzeichnet.

Trotz dieser sich aus der gemeinsamen Grundanschauung der Schiffahrt treibenden Völker ergebenden Möglichkeit, auf gleichen Leitsätzen beruhende Bestimmungen über die Erhebung der Hafenabgaben aufzustellen, und der Notwendigkeit, den Verkehr zur See durch Einführung möglichst gleichlautender Gebührengrundsätze zu erleichtern und damit die wirtschaftliche Erschließung vieler Gebiete des Welt-

---

[1]) Gütschow, „Die Reform und Vereinheitlichung des Seerechts durch Rückkehr zum allgemeinen Frachtrecht", Hbg., 1911, S. 1.

handels mehr, als es bisher möglich war, zu fördern, ist es bis heute noch immer nicht zu einer internationalen Regelung weder dieser Frage noch der damit im Zusammenhange stehenden Schiffsvermessung gekommen, und es verlohnt sich daher wohl, Zweck und Ausbau der einschlägigen Bestimmungen sowie ihre Neugestaltung unter dem Gesichtswinkel der Möglichkeit einer einheitlichen, für alle Staaten gültigen Regelung kritisch zu untersuchen.

Der gewaltige Einfluß, den die als Grundlage der Hafenabgaben dienende Schiffsvermessung auf die Rentabilität der Reedereien und Hafenanlagen, auf die wirtschaftliche Lage der Dockgesellschaften, Werften und Klassifikationsgesellschaften, weiterhin aber auch auf die Ausdehnung des Verkehrs in den einzelnen Häfen gewonnen hat, läßt es erklärlich erscheinen, daß die Lösung der Aufgabe über mehrere Wissensgebiete führt. Die Technik bildet wohl zweifellos die Grundlage jeder Forschung auf diesem Gebiete, da die Feststellung eines Wertmaßes, nach welchem die Abgaben auf das Schiff zu bemessen sind, zunächst schiffbautechnische Kenntnisse voraussetzt. In den Wirkungen aber, welche jene Abgaben auf Handel und Verkehr hervorrufen, dehnt sich die Aufgabe so erheblich auf volkswirtschaftliche Gebiete aus, daß die Rücksichtnahme auf sie schließlich den Ausschlag für die Wahl der einzuschlagenden Wege und für die Lösungen selbst geben muß.

Längst und fast übereinstimmend ist die Reformbedürftigkeit der Schiffsvermessung anerkannt, und wenn trotzdem eine Änderung oder selbst nur ein Versuch dazu nicht gemacht ist, so liegt das in der Hauptsache wohl darin begründet, daß in den bisherigen Vorschlägen die wirtschaftlichen Folgerungen nicht genügend berücksichtigt sind. Andererseits hat man es aber auch vielfach nicht verstanden, die Grundlage der bisherigen Vermessungsbestimmungen in der Weise auszubauen, daß diese sich den Fortschritten der Technik ohne Sonderbegünstigungen anpassen konnten. Zahlreiche Auslegungen hat die heutige Schiffsvermessung seit ihrem Bestehen allerdings erfahren, indessen wurden die schreiendsten Mißstände bei der ungleichartigen Wirkung der Schiffsvermessung auf die einzelnen Schiffstypen nicht dadurch beseitigt, daß man das Übel an der Wurzel faßte und die mit der Entwicklung der Schiffahrt in ihrer Anwendung allmählich unklar und unlogisch gewordenen Grundgedanken der ursprünglichen Vermessung wieder klar und übersichtlich herstellte, sondern daß man einfach an den Hafentarifen änderte und diese gewissermaßen als Kontaktschalter für die Entwicklung und Rentabilität der einzelnen Schiffstypen benutzte. Dabei zeigte es sich, daß die Schiffsvermessung von ihrem eigentlichen Ziele, sich in ihrer Anwendung den Fortschritten der Technik und des Handels anzupassen, erheblich abgewichen war, und jene im Gegenteile beeinflußt, ja sogar vergewaltigt hatte. Aber die Befürchtung, mit der Änderung der Schiffsvermessung als der Grundlage der Hafenabgaben, zugleich den ganzen wirtschaftlichen Aufbau der Hafentarife, die seit Jahren durchgeführten statistischen Aufstellungen und Berechnungen der Schiffahrt, für welche ja ebenfalls die Ergebnisse der Schiffsvermessung als einziger amtlicher Ausweis das Material liefern, ändern zu müssen und damit einschneidend auf den durch Gewohnheit geheiligten Gang des Ausgleichs zwischen Technik und Wirtschaft auf diesem Gebiete einzuwirken, hat alle Versuche einer Umgestaltung immer wieder scheitern lassen, und selbst die eingehenden Beratungen, welche die Tonnagefrage auf den 1881 und 1906 in England zusammengetretenen Kongressen der „Royal Commission on Tonnage", erfahren hat, konnten an dieser Tatsache nichts ändern.

Der bedeutende Aufschwung, den die Schiffbauindustrie in allerletzter Zeit nimmt, die vielfachen Änderungen, Zusätze und Auslegungen, welche durch gänzlich neue Schiffsrumpfkonstruktionen sowie durch Verwendung anderer Motoren in der bisher gültigen Schiffsvermessungsordnung bedingt werden, zeigen ihre Reformbedürftigkeit von Neuem in hellem Lichte, und man darf wohl annehmen, daß keine Zeit zu einem endlich energischen Vorgehen der hauptsächlich beteiligten Länder in dieser Richtung so günstig sei als die jetzige, zumal mit der bevorstehenden Eröffnung des Panamakanals die Frage der Durchgangsbesteuerung daselbst wieder akut wird.

Die Schiffsvermessung läßt sich aber bei allen diesen Fragen nicht von den Hafenabgaben trennen, das technische Element nicht von dem wirtschaftlichen, und so muß in einer kritischen Bewertung der bestehenden Verhältnisse und der in Aussicht genommenen Abänderungsvorschläge zunächst das Wesen und die Form der Hafenabgaben untersucht werden, um die Ansprüche festlegen zu können, welche an eine allen gerechten Forderungen genügende Schiffsvermessungsordnung zu stellen sind.

I.
Die Hafenabgaben.

A. Grundsätzliche Art ihrer Erhebung.

a. Hafenabgaben im engeren Sinne.

1. Ihre Anpassung an die Leistungsfähigkeit des Reeders.

Nähert sich ein Schiff einem Hafen, so müssen ihm Seezeichen den Weg an Fahrthindernissen, Untiefen und Klippen vorbei weisen. In der Dunkelheit müssen einzelne dieser Zeichen erleuchtet werden und bei Nebel akustische Signale geben. Gewährt der Hafen nicht durch seine natürliche Lage den Schiffen Schutz gegen Wind und Wetter, so sind Molen (Schutzdämme) und Wellenbrecher aufzuwerfen; ein sogenannter Fluthafen, dessen Ein- und Ausfahrt nur zur Zeit der Hochflut möglich ist, braucht auf der Reede — d. i. dem Vorhafen, wo die Hochflut abgewartet werden muß —, guten Ankergrund oder Bojen oder Duc d'Alben zum Festmachen der Schiffe. Im Hafen selbst benötigt das Schiff Kaiflächen, um seine Güter laden und löschen zu können, und Hebewerkzeuge, Krane, Aufzüge und Sturzvorrichtungen, welche es in seiner Lade- und Löschtätigkeit unterstützen. Für Passagierschiffe sind Brücken und Stege zum Einschiffen und Landen der Passagiere zu bauen. Das Hafenbecken muß den zunehmenden Tiefgängen der Schiffe entsprechend durch Baggerung tiefer gelegt werden, und da selbst bei einer von Natur ausreichenden Wassertiefe trotz Wellenbrecher vielfach die Gefahr einer Versandung vorliegt, so ist zur Aufrechterhaltung eines ununterbrochenen Verkehrs eine häufigere Nachbaggerung nötig.

Für die Schiffahrt sind solche Anlagen und Arbeiten die notwendige Voraussetzung ihrer Existenz, und für den Staat sowohl wie für den Hafenort ist es aus wirtschaftlichen Gründen wünschenswert, daß dem Schiffe keinerlei Hindernisse in den Weg gelegt werden, welche ihm den Besuch des Hafens verleiden könnten. Wer von beiden, Staat oder Gemeinde, das größere wirtschaftliche Interesse an der Anlage hat, wird nicht nur das erforderliche Kapital aufwenden, sondern auch für Unterhaltung und Wartung aller Einrichtungen Sorge tragen oder auch Privatunternehmungen die nötige Unterstützung gewähren, um die eigenen Anlagen denen benachbarter Städte und Länder gegenüber leistungsfähig zu erhalten.

Da die Hafeneinrichtungen zunächst dem Schiffe, und zwar auch dem fremden,[1]) zugute kommen und erst in weiterem Sinne der allgemeinen Wohlfahrt dienen, so lag es nahe, die Lasten der Anlagen auf die Schiffe als die ersten Nutznießer abzuwälzen, sie nicht durch allgemeine Steuer aufzubringen sondern in Gebührenform nach dem Grundsatz der speziellen Entgeltlichkeit zu erheben. Dies ist auch fast durchweg geschehen; die Staaten setzen dabei die Grenzen der Gebührensätze fest, zwischen denen sie Gemeinde oder eventuell Privatgesellschaften aufstellen können. Dabei ist der Grundsatz maßgebend, daß die Höhe der Einnahmen niemals die der Ausgaben überschreiten soll. Das für das Deutsche Reich in dieser Hinsicht gültige Recht ist in Art. 54 Ziffer 9 Abs. III Satz 2 der Reichsverfassung enthalten, wo es heißt:

„Die Abgaben, welche in den Seehäfen von den Seeschiffen oder deren Ladungen für die Benutzung der Schiffahrtsanstalten erhoben werden, dürfen die zur Unterhaltung und gewöhnlichen Herstellung dieser Anstalten erforderlichen Kosten nicht übersteigen."

In Preußen besteht landesrechtlich die sogenannte Tarifhoheit. Auf nicht staatlichen künstlichen Wasserstraßen und Häfen dürfen danach Schiffahrtsabgaben nur mit Genehmigung des Staates erhoben werden. Die Reichsverfassung verbietet zwar nicht, soweit es sich nicht um Seehäfen handelt, über die Selbstkostendeckung hinausgehende Tarife aufzustellen, wohl aber tut es das Kommunalabgabengesetz vom 14. Juli 1893, in dem das Gebührenprinzip als maßgebend erklärt ist. Für Privatunternehmen kann jedoch die Gewinnmöglichkeit nicht

---

[1]) Sieveking, Schiffsvermessungsgesetze, Jahrbuch der Schiffbautechnischen Gesellschaft 1901.

ausgeschaltet werden, vor allem dann nicht, wenn die Heranziehung von Privatkapital im Interesse der Schiffahrt liegt.[1])

Wenn die Einnahmen über die Verzinsung und Amortisierung der Anlagen hinausgingen, würde der Verkehr besteuert werden, was immer als eine Schädigung der wirtschaftlichen Entwicklung eines Landes angesehen worden ist. Viel eher könnten Erwägungen dafür sprechen, für einzelne Häfen besondere Tarife aufzustellen, mit denen offensichtlich ein Ausgleich gegen die verausgabten Anlagekosten nicht erreicht werden kann. Der dabei verfolgte Zweck ist dann verkehrspolitischer und kaufmännischer Art. Z. B. kann damit eine Entlastung der Schiffahrt herbeigeführt werden, wenn sie infolge stark zurückgegangener Frachten über ihre Leistungsmöglichkeit belastet erscheint, oder es kann durch solche besonderen Abgabenbegünstigungen versucht werden, den Verkehr von anderen Häfen herüberzuziehen. So strebt die Kaufmannschaft von Stettin[2]) seit langem nach einer Ermäßigung der dortigen Hafenabgaben, um Hamburg gegenüber, das viele Stettin zukommende Transporte an sich zieht, konkurrenzfähig zu werden und die außerordentlich ungünstige Entwicklung des Stettiner Seeverkehrs in ruhigere Bahnen zu lenken. In dem Bericht der Stettiner Kaufmannschaft von 1911 heißt es, daß in Stettin das einzelne Schiff bis viermal höhere Gebühren als in Hamburg zahlen muß.

Durch die Maßnahmen der Staaten, die von den Schiffen zu erhebenden Abgaben nur als Äquivalent für die gebotenen Vorteile gelten zu lassen, wird allerdings einer Ausbeutung der Schiffahrt treibenden Kreise wirksam vorgebeugt, aber dennoch machen die Abgaben einen solchen wesentlichen Betrag aus und sind für die Rentabilität des Schiffsbetriebes von solcher Bedeutung, daß ihre Anpassung an die Leistungsfähigkeit des Reeders geboten erscheinen könnte. Die letztere ist nun im Wesentlichen durch den Reingewinn, d. h. den Ertrag der Ladung, bedingt. Der Gewinn hängt zunächst von der Tüchtigkeit des Reeders ab, von seiner Fähigkeit, die Konjunktur richtig auszunutzen und Geschäfte vorteilhaft abzuschließen. Weiter kommt die Kapitalkraft des Geschäftes, die Solidität seiner Beziehungen, die Lage des Frachtenmarktes und schließlich eine glückliche Hand beim Geschäftsabschluß, d. i. der Zufall, in Betracht. Es spielen dabei

---
[1]) Vgl. Peters, Schiffahrtsabgaben, Leipzig 1906, 1. Teil, S. 261 ff.
[2]) Vgl. Bericht der Kaufmannschaft zu Stettin über das Jahr 1911 und Hamburger Fremdenblatt Nr. 120 vom 24. Mai 1912.

also eine Reihe persönlicher, sozialer und wirtschaftlicher Momente eine Rolle, die sich gar nicht in eine einzige Formel zwängen lassen. Abgesehen von dieser sachlichen Unmöglichkeit wäre es auch gegen die Natur einer solchen vom Staate oder der Gemeinde erhobenen Gebühr, sie von zum Teil willkürlichen, jedenfalls aber immer schwankenden Faktoren beeinflussen zu lassen. Die Erhebung der Hafengebühr auf der Grundlage des Geschäftsertrages ist daher lediglich in Ausnahmefällen durchführbar, z. B. da, wo in einem Hafen nur gleichartige Geschäfte abgewickelt werden, wie im Geestemünder Fischereibezirk. Hier kann der im Prozent vom Versteigerungserlös aufgestellte Abgabentarif als durchaus rational wirkend angesehen werden.

Die Begünstigung der kleineren Schiffe im Verhältnis zu den größeren, wie sie in den Tarifaufstellungen mancher Häfen durchgeführt ist, geschieht in erster Linie in Berücksichtigung der verschiedenen Verdienstmöglichkeit kleinerer und größerer Schiffe. Das häufigere Anlaufen von Häfen verteuert den Betrieb bei kleineren Schiffen, da Maschine und Personal für längere Zeit unausgenutzt bleiben. Außerdem ist die Ladung hier gewöhnlich nicht so wertvoll wie die auf Ozeanschiffen, da die Eisenbahn mit ihrer schnelleren und zum Teil auch gesicherteren Verkehrsmöglichkeit gerade die wertvolleren Ladungen aufnimmt, und schließlich machen Anlagekapital und Betriebskosten bei kleineren Schiffen einen verhältnismäßig größeren Prozentsatz zur Tragfähigkeit aus als bei großen Schiffen. Die Variierung der Abgaben in Cardiff nach dem Reiseziel ist auf ähnliche wirtschaftliche Überlegungen zurückzuführen. Ferner gehört hierher auch die Differenzierung der Abgaben für Segel- und Dampfschiffe, wie sie in vielen Häfen üblich ist. Die geringe Ertragsfähigkeit der Segelschiffe im allgemeinen gegenüber den Dampfschiffen berechtigt zu dieser Maßnahme.[1]) Allerdings ist für die Festsetzung des verhältnismäßig hohen Tarifunterschiedes beider Schiffsklassen auch der ungünstige Einfluß der heutigen Schiffsvermessung mit Ausschlag gebend gewesen.

2. **Die Anpassung der Hafenabgaben an den Wert des Schiffes bzw. der Ladung.**

α. Die Transportleistungsfähigkeit bzw. die Ladefähigkeit.

Eine andere Möglichkeit, den Grundsatz von Leistung und Gegenleistung bei der Hafengelderhebung durchzuführen, bietet sich unter

---

[1]) Vgl. W. Laas, „Die Nettovermessung der Segelschiffe", Berlin 1908.

Ausschaltung des subjektiven Momentes der Zahlungsfähigkeit und unter alleiniger Berücksichtigung des objektiven Wertmaßes der die Vorteile der Hafenanlagen benutzenden Schiffe. Den naturgemäß besten Maßstab im ökonomischen Sinne für den Wert eines Frachtschiffes — Kriegsschiffe sind abgabenfrei und für Sonderschiffe gelten eigene Berechnungsarten — stellt die Transportleistungsfähigkeit dar. Sie ist das Produkt aus Ladefähigkeit und Geschwindigkeit. Das Schiff betrachtet man dabei vom rein ökonomischen Standpunkte aus als ein Instrument der internationalen Arbeitsteilung, welches durch seine Transportfähigkeit den Güteraustausch auf dem Weltmarkte ermöglicht. Das Ausmaß dieser Leistung gibt eben jenes Produkt aus bewegter Masse = Ladung und der Geschwindigkeit der Förderung = Schiffsgeschwindigkeit. Häufig wird allerdings die Tragfähigkeit an die Stelle der Ladefähigkeit gesetzt. Die beiden Begriffe sind indessen keineswegs identisch. Die Tragfähigkeit umfaßt Ladung bzw. Passagiere, Kohle und Besatzung mit Proviant. Kohlen und Besatzung sind unbedingt zur Betriebsfertigkeit des Schiffes erforderlich. Sie bedingen Aufwand und erzielen nicht unmittelbar Gewinn. Die Kohlen werden überdies im Verlaufe der Fahrt verbraucht, ebenso der Proviant der Besatzung. Ihre Kosten gehören demgemäß zum Betriebskapital und ihr Gewicht zu dem des betriebsfertigen Schiffes. Es ist daher nicht richtig, das Gewicht der einzunehmenden Kohlen wie das der Besatzung und des Proviants mit in das des Transportgewichtes hineinzunehmen, also die Tragfähigkeit als Faktor der Transportleistung zu setzen. Für diese letztere muß unbedingt das Produkt aus Ladefähigkeit und Geschwindigkeit beibehalten werden. Allerdings hat der Ersatz der Tragfähigkeit durch die Ladefähigkeit ein Bedenken. Unternimmt ein für weite Fahrten bestimmtes Schiff kürzere Reisen und benötigt dabei weniger Kohlen und nutzt den Unterschied des geringeren Kohlengewichts gegen das normale zur Erhöhung der Ladefähigkeit aus, so könnte in diesem Falle die Transportleistungsfähigkeit als Produkt aus Ladefähigkeit und Geschwindigkeit kein genaues Maß des Wertes geben, sondern würde zu klein ausfallen. Die Hafenbehörde kann sich solchen vielleicht beabsichtigten Kürzungen des Grundmaßes und damit des Abgabensatzes gegenüber durch entsprechende Kontrolle der Ein- und Ablaufhäfen und entsprechende Zuschläge sichern.

Die Transportleistungsfähigkeit der Schiffe wäre gewiß ein vortreffliches Wertungsmaß für die Abgabenerhebung bei Benutzung der Hafenanlagen, wenn einerseits das zeitliche Element soweit ausgeschaltet würde, daß die Gebühr für bestimmte Fristen Gültigkeit hätte und wenn andererseits die Verschiedenheit der in den einzelnen Häfen gemachten Aufwendungen den Ausgleich der Gegenleistung gegen die Leistung in Gestalt von mittleren, nach dem Durchschnitt berechneten Grundtaxen für die Einheit der in Kilometertonnen ausgedrückten Transportleistungsfähigkeit erbrächte. Diese Voraussetzungen bedingen aber eine Zentralgewalt über alle Häfen der Welt mit gemeinsamer Kasse, in welche alle Einnahmen zu fließen hätten, und aus der sie wieder im Verhältnis zu der Inanspruchnahme der Hafeneinrichtungen und zu ihren Anlagekosten an die einzelnen Häfen verteilt werden müßten. Die Unmöglichkeit einer solchen Einrichtung ergibt sich nicht nur aus den ungeheuren verwaltungstechnischen Schwierigkeiten, die dadurch entstehen würden, sondern auch aus Überlegungen wirtschaftspolitischer Art. Selbst innerhalb desselben Staates erschiene eine gemeinsame Verwaltung der Häfen aus bereits oben erörterten wirtschaftlichen Verkehrsrücksichten unangebracht. Man muß also die Regelung der Abgabenbemessung und ihre Einziehung den einzelnen Häfen, in denen das Schiff verkehrt, selbst überlassen. Dann kann aber nicht mehr die Transportleistungsfähigkeit als Grundlage der Gebührenbemessung dienen, da durch sie die Geschwindigkeit doppelt besteuert würde, wie folgendes Beispiel ergibt.[1])

Zwei Schiffe mögen die gleiche Transportleistungsfähigkeit von je 30 000 tkm/Stde haben. Dann müßten beide nach jener Grundlage in derselben Zeit dieselben Gebühren entrichten. Angenommen beide Schiffe machten stets dieselbe Fahrt zwischen zwei bestimmten Häfen hin und zurück, die Häfen hätten dieselben Tarife, und das eine Schiff hätte bei 30 km stündlicher Geschwindigkeit eine Ladefähigkeit von 1000 t, das andere bei 15 km Geschwindigkeit eine solche von 2000 t. Sieht man vom Aufenthalt im Hafen ab, dann müßte bei gleichzeitigem Ausgange beider Schiffe das erste Schiff in der gleichen Zeit, in der das zweite den anderen Hafen erreicht hat, schon wieder im Ausgangshafen angelangt sein, und es hätte, trotzdem es die gleiche Transportleistungsfähigkeit wie das andere Schiff besitzt, zusammen doppelt so viel Gebühren (je einmal in jedem Hafen) wie das zweite Schiff zu

---

[1]) Es ist ein Unterschied zu machen zwischen Transportleistung und Transportarbeit. Unter ersterer ist das Produkt aus Ladung und Transportgeschwindigkeit (gemessen in tkm/Stde oder tsm/Stde = tkn), unter letzterer das Produkt aus Ladung und Transportweg (gemessen in tkm oder tsm) zu verstehen.
1 sm = 1 Seemeile = 1852 m,
1 kn = 1 Seemeile in der Stunde = Knoten.

zahlen. Der eine Faktor der Transportleistungsfähigkeit, nämlich die Geschwindigkeit, ist aus der Gebührenbemessung daher auszuschalten, und es kann nur die Ladefähigkeit als Grundlage bestehen bleiben. Im obigen Beispiele hätte dann das schnellere Schiff für 1000 t Ladefähigkeit in derselben Zeit in zwei Häfen insgesamt ebenso viel Abgaben zu zahlen wie das langsamere in einem Hafen für die doppelt so große Ladefähigkeit. Die Gebührenerhebung nach der Ladefähigkeit ergibt also eine gerechte Grundlage, und man kann wohl sagen, daß sie dem Grundsatze von Leistung und Gegenleistung am besten entspricht. Werden dagegen Jahrespauschalen erhoben — für den Fall z. B. daß ein Schiff regelmäßig einen Hafen besucht —, so fällt der erwähnte Einwand gegen die Gebührenbemessung nach der Transportleistungsfähigkeit fort, und diese wäre ein durchaus geeigneter Maßstab.

Allerdings ist in dem oben erwähnten Beispiele der Aufenthalt im Hafen und sein Verhältnis zur Länge der eigentlichen Fahrt vernachlässigt. Das ist streng wirtschaftlich genommen nicht zulässig. Das allgemeine Wirtschaftsgesetz: „Die Selbstkosten entwickeln sich im umgekehrten Verhältnis mit dem Umfange der Produktion" behält auch für die Transportleistungen der Schiffahrt seine Gültigkeit. Je häufiger ein Schiff auf seinen Fahrten Häfen aufsucht, um so weniger werden Maschinen und Personal ausgenutzt, um so geringer ist die ökonomische Wirtschaftlichkeit des Betriebes. Es ist daher durchaus berechtigt, den in der Küstenfahrt verkehrenden Schiffen einen Ausgleich für die Einbuße an Wirtschaftlichkeit des Betriebes in der Weise zu verschaffen, daß ihnen Vergünstigungen gegenüber den auf großer Fahrt beschäftigten Schiffen gewährt werden, wie es tatsächlich fast überall geschieht. Dieses Vorgehen ist auch deshalb empfehlenswert, weil die Küstenfahrer, wie bereits erwähnt wurde, als die kleineren Schiffe im allgemeinen ein verhältnismäßig größeres Anlagekapital und relativ mehr Betriebskosten erfordern, als die Atlantiker. Eine ins Einzelne gehende Abstufung der Hafenabgaben nach dem Reiseziele, welche im Cardiffer Hafen vorgenommen wird, müßte die ökonomischen Unterschiede der einzelnen Schiffstypen theoretisch am besten ausgleichen. Doch scheint die Praxis einer solchen Maßnahme, vielleicht aus Verwaltungsrücksichten, skeptisch gegenüber zu stehen, wie gelegentliche Äußerungen über die in Cardiff übliche Gebührenerhebung beweisen.[1]

Ein alles umfassender und gerecht wirkender Hafentarif wird

---

[1] Vgl. Royal Commission on Tonnage, Report of Comittee 1906, Nr. 2396.

ferner zu berücksichtigen haben, in welchem Umfange das Maß der Beladung eines Schiffes die Proportionalität zwischen Leistung und Gegenleistung beeinflussen kann. Zu unterscheiden ist dabei zwischen voll und teilweise beladenen und ganz leeren Schiffen sowie solchen in Ballast. Für die Wegweisung des Schiffes in den Hafen hinein ist es zunächst völlig belanglos, ob das Schiff Ladung bringt oder ob es solche erst im Hafen einnehmen will, die Leistung bleibt für Schiffe in allen Stufen der Beladung und im Ballast die gleiche. Für die Bemessung der Gegenleistung für diese Vorteile kann daher das Maß der Beladung vorerst außer Betracht bleiben, und die auf irgendeine Weise ermittelte Bruttogröße des Schiffes braucht nur den allgemeinen Größenverhältnissen des Schiffes zu entsprechen. Dasselbe gilt für die Inanspruchnahme der Kaifläche, die ebenfalls zunächst vom Maß der Beladung unabhängig ist; für sie sollte indessen entsprechend dem Verhältnis der Beladung zur Ladungsmöglichkeit ein Zuschlag zu den Grundgebühren erhoben werden, um damit die Zahlungen der Verdienstkraft des Schiffes möglichst anzupassen. Für einige andere weniger umfangreiche und kostspielige Einrichtungen dagegen, wie z. B. die Schiffahrt- und Hafenpolizei, kann unmöglich ein genaues Verhältnis ihrer Benutzung zum Kostenbeitrag des einzelnen Schiffes beigebracht werden. Es müssen die Lasten solcher den Verkehr allgemein fördernder Verwaltungseinrichtungen von sämtlichen den Hafen einlaufenden Schiffen gemeinsam und unter entsprechender Verteilung nach den Wertgrößen getragen werden.

Anders steht es mit jenen Hafeneinrichtungen, bei denen die Intensität der Benutzung proportional der Menge der geladenen oder gelöschten Ladung ist. Hier ist eine Anpassung des Tarifes an die Menge der Ladung und vielleicht auch an den Wert der Ladung wünschenswert. Es wäre ohne Zweifel sinnwidrig, wollte man ein Krangeld auch von solchen Schiffen erheben, die keinen Gebrauch von den Transport- und Förderungsmitteln des Hafens gemacht haben, oder wenn man die gleichen Sätze für zwei gleich große Schiffe erheben wollte, von denen das eine nur einen geringen Teil seiner Ladung, das andere die ganze ladet oder löscht. Feststellen läßt sich das Ladeteilgewicht immer auf Grund der Ladepapiere, und die Grundlage für die Gesamtgröße der Ladung muß die Nettogröße des Schiffes liefern.

Eine andere Frage wäre noch, ob und wie weit der Wert der Ladung für die Abgabenbemessung in Betracht gezogen werden kann. Würden die zu erhebenden Abgaben für die geladenen und gelöschten Güter dabei vollständig nach ihrem Warenwert abgestuft, so käme dieses Verfahren einer Anpassung an die Leistungsfähigkeit des Reeders nahe, obgleich die Höhe der Fracht nicht immer parallel dem Ladungswerte wächst oder überhaupt ihm stets proportional ist. Eine solche Differenzierung ist aber schon aus verwaltungstechnischen Rücksichten kaum empfehlenswert, da die Werte der Güter stets Schwankungen unterworfen sind und damit die Tarife ständig kontrolliert werden müßten, und da ferner das Abwicklungsgeschäft bei der Einziehung der Abgaben, ihre Berechnung und die technische Wertfeststellung der Güter zu viel Arbeit erfordern würde, deren Aufwand in keinem ökonomischen Verhältnis zu dem erreichten Vorteile steht. Dahingegen dürfte sich die Einrichtung einzelner weniger Güterklassen wohl verlohnen. Die Dreiteilung in geringwertige bzw. wertlose, mittelwertige und hochwertige Güter hat viel für sich und ist jedenfalls ohne große verwaltungstechnische Schwierigkeiten durchzuführen.

β) Die Anpassung der Hafenabgaben an den Laderaum.

Außer den beiden bisher behandelten Möglichkeiten, die Abgaben der Leistungsfähigkeit des Reeders oder der Transportleistungsfähigkeit bzw. der Ladefähigkeit des Schiffes anzupassen, gibt es noch eine Reihe anderer, welche bestimmte Raum- oder Abmessungswerte des Schiffes dem Zahlungstarife zugrunde legen. Dahin gehört vor allem die Festlegung des der Ladung verbleibenden Raumausmaßes als Grundfaktor. Dieses Verfahren ist durch die englische Schiffsvermessungsordnung, welche heute von den meisten Staaten adoptiert ist, zum herrschenden geworden, obgleich es dem von den Staaten proklamierten Grundsatze von Leistung und Gegenleistung bei Bemessung der Hafenabgaben vielleicht am wenigsten entspricht. Der Schiffsraum steht in keinem festen Verhältnisse zur Ladefähigkeit oder zur Transportleistungsfähigkeit eines Schiffes. Eine Erhöhung der Aufbauten, die den Raum vergrößert, wird allerdings das Freibordmaß verringern und damit die Tragfähigkeit des Schiffes erhöhen, aber es bleibt dem Belieben des Konstrukteurs überlassen, den hinzukommenden Teil als Laderaum oder zu anderen Zwecken einzurichten, wie überhaupt der ganze Schiffsraum, soweit er zur Aufnahme von Ladung dienen soll, durch entsprechende Abschottung groß oder klein gehalten werden kann, ohne daß dadurch die Trag- oder Ladefähigkeit des Schiffes verändert wird. Nun wird allerdings in der englischen Vermessung der als Grundfaktor für die Bemessung der Hafenabgaben dienende Nettoraum nicht durch Aufmessung des Laderaumes festgestellt, sondern wie später eingehender erörtert wird, als Restraum gewonnen, der vom Gesamtraum nach Abzug der zur Navigierung und Fortbewegung benötigten Räume übrig bleibt. Aber die Praxis hat gezeigt, daß die abzuziehenden Räume von so verschiedener Größe eingerichtet werden, daß Schiffe mit gleicher Tragfähigkeit sehr erheblich in der Nettovermessung voneinander abweichen können. Ein Kleinhalten des Nettoraumes kann ja auch schon dadurch erreicht werden, daß der vermessene Gesamtraum durch Hochlegen konstruktiver Schiffsverbandteile, z. B. der Bodenwrangen oder des Doppelbodens, von denen aus beim Vermessen das Höhenmaß genommen wird, eine relativ geringe Größe erhält. Die Werften wissen eben die Lücken der Schiffsvermessungsordnung zweckdienlich auszunutzen. Darüber wird Abschnitt II nähere Auskunft zu geben haben. Hier sei zunächst nur festgestellt, daß es möglich ist, innerhalb relativ weitreichender Grenzen den durch Subtrahierung gewonnenen Laderaum zu beschränken, und damit das bisher angewandte Nettomaß, das als Grundlage der Abgabenbemessung angenommen wird, zu verändern, ohne daß dadurch die Trag- oder Ladefähigkeit beeinflußt wird. Die Reeder werden daher in der Einschränkung der Laderäume so weit gehen, wie es der Verwendungszweck des Schiffes gestattet. Schiffe mit Schwergutladung können sich gegenüber den zu leichter Ladung bestimmten Transportschiffen einen erheblichen Vorteil mit der Reduzierung des für der Hafenabgaben gültigen Berechnungsgrundmaßes wahren. Dieses Verfahren der Raumbesteuerung hätte für denjenigen Teil der Abgaben, der sich am praktischsten der Ladefähigkeit anpaßt, dann eine Berechtigung, wenn der von den Gütern eingenommene Raum als Maßstab ihres Wertes angesehen werden könnte. Nur für einen sehr geringen Teil der Ladungen bildet indessen das eingenommene Raummaß die Grundlage der Preisbestimmung und der Frachten, und in neuerer Zeit sind auch für diese wenigen Waren und Güter der Preis und die Fracht immer mehr nach Gewicht anstatt nach dem eingenommenen Raum festgesetzt. Es ist daher durchaus untunlich und unlogisch, die Gebühren für die Inanspruchnahme der Hafeneinrichtungen beim Laden und Löschen auf Grund des Raummaßes zu erheben, das für die Ladung im Schiffe zufällig zur Verfügung steht, aber selbst bei voller Belastung durchaus nicht immer ausgenutzt wird. Noch viel zweckwidriger ist es aber, auch die übrigen Teile der Hafenabgaben, die ganz unabhängig von dem Grade der Beladung des Schiffes sind, von dem Fassungsraum des Schiffes abhängig zu machen. Ein solches Verfahren ist außerdem keineswegs gerecht. Falls z. B. die Aufbauten eines Schiffes erhöht werden, damit es bei demselben Ladegewichte leichtere Ladungen unterbringen kann, so erscheint die erhöhte Abgabenentrichtung für dieselbe Transportfähigkeit hier ebenso widersinnig, wie wenn ein Grundbesitzer den Wert des Bodens nach der äußeren Höhe der darauf befindlichen Gebäude abschätzen würde. Sind für die Benutzung eines Teils der Hafenanlagen, z. B. der Kaiflächen, äußere Größenverhältnisse des Schiffes von Einfluß, so kann hier nicht das Ausmaß des Innenraumes in Betracht kommen, sondern nur die im Wasserspiegel eingenommene Fläche des Schiffes, seine Abmessungen unter Wasser oder seine Wasserverdrängung. Die sich immer mehr steigernde Höhe des Schiffskörpers über Wasser, die größere Anzahl und Höhe der Aufbauten, namentlich bei den modernen Passagierdampfern, machen es notwendig, daß die Kaiflächen für solche Schiffe höher als sonst gelegt werden und bedingen andere Hebe- und Schuppeneinrichtungen, als sie für kleinere Schiffe mit geringer Deckhöhe über Wasser nötig sind; aber die Kosten für diese Sonderanlagen sind im Verhältnis zu den gesamten allgemeinen Kai- und Hafenanlagekosten so geringfügig, daß ihr Ausgleich durch die Hafenabgaben nur in Gestalt von geringen Zuschlägen zu den allgemeinen Gebühren bewirkt werden kann.

Sollte sich jedoch infolge weiterer ungeahnter Steigerungen der Aufbautenlängen und Höhen bei modernen Riesenschiffen die dafür benötigten Kaihöhen und Ladevorrichtungen so weit entwickeln, daß das dafür erforderliche Anlagekapital aus seiner sekundären Bedeutung gegenüber den Hafenkosten herausträte, so wäre es dann immer noch angemessener, die linearen Abmessungen solcher Aufbauten, als ihren Rauminhalt zur Grundlage der Hafengebühren zu wählen. Und zwar kommt in der Hauptsache hierfür die Länge des Schiffes und vielleicht auch noch seine Tiefe in Betracht; im übrigen nur ein Größenmaß, auf das diese beiden Abmessungen einen erkennbaren Einfluß haben. Die Breite des Schiffes hat im allgemeinen die geringste Bedeutung für die Höhe der verursachten Anlagekosten. Wie wenig dagegen die den Hafenabgaben zugrunde liegende Nettotonnage dem Grundsatze von Leistung und Gegenleistung entspricht, zeigt sich in den Bilanzen einzelner Häfen. Während die Einnahmen der Häfen infolge relativ stets verringerter Nettotonnage sinken, werden die Ausgaben dafür größer, weil

1. die größeren Schiffsabmessungen zwei bis dreimal mehr Kosten verursachen als vor 50 oder mehr Jahren,
2. sich die Unterhaltungskosten vergrößert haben,
3. die Grund- und Bodenwerte sich in den letzten 20 Jahren vervielfacht haben.[1])

    Das zeitliche Moment, die Dauer der Inanspruchnahme der Kaianlagen, ist nicht bei allen Hafentarifen gebührend berücksichtigt, und doch spielt es eine sehr wichtige Rolle. Es kann naturgemäß der Hafenverwaltung nicht gleichgültig sein, wie lange ein Schiff am Kai liegen bleibt. Je schneller es seine Tätigkeit erledigt und den Kai wieder verläßt, um so eher kann ein anderes Schiff an seine Stelle treten und neue Einnahmen schaffen; dadurch erhöht sich die Rentabilität der Anlage, und die Grundgebühren könnten infolgedessen erniedrigt werden. Der schnelle Wechsel, die Intensität der Ausnutzung der gebotenen Vorteile sind die beste Gewähr für die Wirtschaftlichkeit des Betriebes. Deshalb ist es unbedingt erforderlich, Zeitgrenzen für die Benutzung einzuführen oder die Gebühren außer nach dem Wert- und Größenmaße auch nach der zeitlichen Inanspruchnahme der gewährten Vorteile zu bemessen. Wird das zeitliche Moment bei der Aufstellung eines Hafentarifes übersehen, so kann es leicht vorkommen, daß ein Schiff, welches das Löschen oder Laden schon längst beendet hat und auf Ordre wartet, anderen einkommenden Schiffen, denen ein anderer Kai zurzeit nicht zur Verfügung gestellt werden kann, die Möglichkeit nimmt an den Kai heranzukommen. Zu irgendeiner Beschleunigung liegt ja in solchen Fällen für das Schiff kein Anlaß vor, und das bekannte mechanische Gesetz der Trägheit wird auch an den wirtschaftlichen Überlegungen der Schiffsbesatzung nicht scheitern. Kostet der längere Aufenthalt aber Geld, dann wird sich jeder Schiffer hüten, ihn länger als irgend nötig auszudehnen.

    Es kommt aber nicht allein die in Anspruch genommene Kaifläche für die Erzwingung der zeitlichen Aufenthaltsbegrenzung in Betracht, sondern in fast gleichem Maße auch die Benutzung des ganzen künstlich hergestellten Hafenbassins. Auch hier ist der Platz meistens beschränkt und zu kostbar, um Schiffen, die vorläufig oder immer aus der Fahrt gestellt sind, eine bequeme und billige Liegestelle zu geben. Der Fall des „Kaiser Friedrich III" im Hamburger Hafen kann in diesem Sinne höchst instruktiv wirken.

---

[1]) Vgl. hierüber Royal Commission on Tonnage, Report of Comittee 1906, Nr. 2745.

Von seiten des Vereins Hamburger Reeder[1]) ist darauf hingewiesen worden, daß die Bemessung der Löschfristen, d. h. der Fristen, welche für die Fortschaffung der Waren vom Kai angesetzt sind, im Hamburger Hafen hinter der wirklichen Leistungsfähigkeit der Seeschiffe und der Hamburger Löscheinrichtungen weit zurückbleiben. In dem Bericht des Jahres 1909/1910 ist ausgeführt worden, „daß die jetzigen langen Fristen seitens des Handels in vielen Fällen dazu benutzt werden, um die Entladung nach Belieben vorzunehmen, für besonders schnelle Entladung der Seeschiffe „despatch money" zu fordern oder das Schiff unbeschäftigt unter voller Ausnutzung der verordneten Frist, gewissermaßen als Lagerstatt für die Ladung, liegen zu lassen." Die Verhältnisse sind hier also derselben Art wie bei der Kaiausnutzung, und die Verordnung bezüglich der Löschfristen hat im Grunde die gleiche Bedeutung wie die Berücksichtigung der Zeit in der Festsetzung der Hafenabgaben. Darum muß auch die für die Fortschaffung der Waren vom Kai angesetzte Frist mit der Stundenzahl in Einklang gebracht werden, die für die Gebührenhöhe bei der Kaibenutzung in Anwendung kommt.

b. Hafenabgaben im weiteren Sinne.

Die bisher besprochenen Hafenabgaben sind solche im engeren Sinne. Sie sollen ein Entgelt sein für die Vorteile, die einem Schiffe bei der Einfahrt in den Hafen, während des Aufenthaltes im Hafen oder am Kai, für Benutzung der Lösch- und Ladeeinrichtungen und bei der Ausfahrt gewährt werden. Außerdem ist aber noch für eine Reihe anderer Verkehrsleistungen, die mit der Schiffahrt nur mittelbar im Zusammenhange stehen, ferner für behördliche Aufsichtsmaßregeln und für Eintragungen statistischer Art Entgelt zu leisten. Diese ebenfalls in Gebührenform erhobenen Abgaben werden als Hafenabgaben in weiterem Sinne bezeichnet.

Bei der Annäherung eines Schiffes an einen Hafen tauchen die Lotsendampfer und Kutter auf, um einen Lotsen, der die Einfahrt in den Hafen genau kennt und während dieser Zeit die verantwortliche Führung übernimmt, an das Schiff abzugeben. Die Lotsen sind meistens Beamte, seltener Privatpersonen. Immer müssen sie aber ihre Befähigung zum Dienste durch Prüfung nachgewiesen haben. Für ihre Verwendung besteht in vielen Häfen ein Zwang, und

---

[1]) Vgl. Bericht über das Verwaltungsjahr 1909/1910, S. 13.

der Entgelt für ihre Tätigkeit wird von jedem Schiffe in Gestalt einer sogenannten Lotsengebühr geleistet. Diese Gebühr wird in einzelnen Häfen sogar auch dann erhoben, wenn die Lotsendienste nicht in Anspruch genommen sind. Für diesen Fall tritt der Charakter einer Hafenabgabe für diese Leistung deutlich in die Erscheinung. Im anderen Falle ist die Lotsengebühr unabhängiger von den allgemeinen Abgaben und wird zu einer Sondergebühr, die für besonders beanspruchte Dienstleistungen gewährt wird. Ihre Höhe wird am zweckmäßigsten dem Schiffswerte anzupassen sein, also nach der Ladung zu berechnen sein, die das Schiff aufnehmen kann. Führt es diese nur teilweise, so wäre ein Nachlaß innerhalb bestimmter Grenzen, oder bei leeren Schiffen eine Grundgebühr zu empfehlen. Es ergibt sich daraus schon ohne weiteres, daß wegen der nahen Beziehungen, in denen diese Gebühr zu den allgemeinen Hafenabgaben steht, ihrem völligen Anschluß an diese nichts im Wege steht. Die Gebührenerhebung würde damit unbedingt vereinfacht. Praktisch spricht gegen diese Maßnahme, daß die Lotseneinrichtung vielfach noch privaten Charakter hat und ihre Beaufsichtigung nicht von denselben Organen vorgenommen wird, denen die Hafeneinrichtungen unterstehen. Würden diese administrativen Schwierigkeiten beseitigt, so dürfte es sich zur Vereinfachung der Erhebungsformen für die Hafengebühren empfehlen, die Tarife für beide Leistungen zu vereinigen.

Sehr häufig sind die Lotsengebühren nach dem Tiefgange der Schiffe geregelt. Dieses Verfahren stützt sich darauf, daß es mehr Mühe macht, tiefgehende Schiffe als solche mit geringem Tiefgange durch ein in der Tiefe stellenweise beschränktes Fahrwasser zu führen. Die Schwierigkeit, jedes Mal den Tiefgang eines Schiffes unzweideutig festzustellen, hat aber in vielen Fällen zu anderen Grundmaßen für die Gebührenerhebung geführt, und es ist dann meistens — faute de mieux — der Nettoraumgehalt an die Stelle des Tiefganges getreten, so z. B. im Bristol Channel, wo die Lotsengebühr früher nach dem Tiefgang erhoben wurde, jetzt aber nach dem Nettoraumgehalt geregelt wird. Gegen diese Erhebungsgrundlage sind aber auch schon mancherlei Bedenken geltend gemacht worden[1], da die Beziehungen, die der Nettoraumgehalt zu dem Werte des Schiffes hat, sehr unsicher sind und darum keinen gerechten Ausgleich von Leistung und Gegenleistung gestatten. Dieses Grundmaß ist daher wohl nur aus Verlegenheit ge-

---

[1] Vgl. Royal Commission on Tonnage, Report of Comittee 1906, Nr. 2440.

wählt. Gegen den Tiefgang an und für sich spricht nur die Schwierigkeit der sicheren Ermittlung, sonst könnte man ihn ohne Bedenken der Lotsengebühr zugrunde legen. Einen proportionalen Ausdruck findet der Tiefgang aber immer im Deplacement. Bei Frachtschiffen, die in der Hauptsache hierbei in Frage kommen, steht der Tiefgang zu den anderen Abmessungen, Länge und Breite, in einem angenähert gleichbleibenden Verhältnis, so daß sich das Deplacement

$$D = \delta \, L.B.T^1)$$

durch $D = aT^3$ ausdrücken läßt, und es ist darum das Deplacement oder ein innerhalb bestimmter Grenzen gleich bleibender Teil desselben, die Ladefähigkeit, ein Grundfaktor, der im allgemeinen auch dem Tiefgang proportional ist und daher auch von dem Standpunkte aus, daß diese den Erhebungsgebühren zugrunde gelegt werden muß, gerecht wirken würde, jedenfalls viel gerechter als der ganz willkürlich beeinflußte Nettoraumgehalt des Schiffes. Für Passagierschiffe müßte natürlich eine Erhebungsform nach ganz anderen Grundsätzen zur Anwendung kommen, welche auch zweckmäßig auf die allgemeinen Hafenabgaben auszudehnen ist. Der Verdienst hängt bei diesen Schiffen hauptsächlich von der Kopfzahl der mitgeführten Passagiere ab. Für sie tritt daher in allen Fällen, in denen bei Frachtschiffen die Ladung das empfehlenswerteste Gebührengrundmaß bildet, am zweckmäßigsten die Kopfsteuer ein, die ja auch in vielen Häfen bereits durchgeführt ist.

Neben den Lotsenabgaben, die noch in ziemlich enger Beziehung zu den eigentlichen Hafenabgaben stehen, weil sie vielfach unentbehrliche Dienste zur Voraussetzung haben und ihre Einziehung in den meisten Fällen Zwang ist, kommen hier noch eine Reihe anderer Ausgaben in Frage, die für besondere Hilfeleistungen bei der Ein- und Ausfahrt oder im Hafen oder für Sicherheits- und Schutzmaßregeln im Hafengebiete erhoben werden. Soweit für sie ein Zwang besteht, wie z. B. bei den Sanitäts- oder Quarantäneabgaben, Gesundheitspaß- oder Arztgebühren oder, wie man diese Art Gegenleistung für ärztliche Untersuchungen zum Schutze gegen die Einschleppung ansteckender Krankheiten sonst noch nennen mag, würde ihre Einberechnung in die allgemeinen Hafenabgaben sehr zur einfacheren Abwicklung der

---

[1] δ = Deplacementsvölligkeitsgrad,
L = Länge,
B = Breite,
T = Tiefe (Konstruktionstiefe),
a = Proportionalitätsfaktor.

Abgabenerhebung beitragen, und ihre Erhebung auf der Grundlage des Schiffswertes bzw. der Kopfzahl auch durchaus angemessen sein. Bei außergewöhnlichen Quarantänen müßte dann ein entsprechender Zuschlag gemacht werden. Besonders beanspruchte Dienstleistungen, wie Schlepperhilfe, Fest- und Losmachen vom Kai, Dolmetscherhilfe, Bojenmiete, Bewachungen, müßten naturgemäß auch außerhalb der eigentlichen Hafenabgaben bezahlt werden, während für die behördlich angeordneten Meldungen und Eintragungen, wie das Ein- und Ausklarieren, die Schiffsmeldung, das Stempeln der Papiere zugleich mit den allgemeinen Hafenabgaben Gebühren zu entrichten wären. Allerdings sind es nicht immer dieselben Kassen, in welche die einzuzahlenden Beträge fließen, und deshalb wäre eine spätere prozentuale Verrechnung nach Maßgabe der dafür aufgewandten Leistungen erforderlich. Aber selbst bei gleichem Empfänger sind diese Art Gebühren von den allgemeinen Hafenabgaben vielfach getrennt. Eine derartige Einrichtung erweckt den Eindruck, als ob sie nachträglich angeordnet wäre, um bei umfangreicher werdenden Hafenbetrieb entsprechend den größeren Aufwendungen den Hafentarif nicht abändern zu müssen, und als ob man den letzteren nicht unmittelbar erhöhen möchte, um ihn auf den ersten Blick hin niedrig erscheinen zu lassen. Berechtigt ist die Trennung dieser Gebühren von den allgemeinen da, wo sie nicht in gleicher Staffelung erhoben, sondern mit festen Sätzen für jedes Schiff eingestellt werden. Das kann in manchen Fällen, z. B. bei den Konsulatsgebühren, erstrebenswert sein.

Wie sich die gesamten Hafenabgaben durch solche Nebenbelastungen erhöhen, zeigen die später angeführten Beispiele. Eine genaue Aufzählung würde noch viel mehr solcher Gebührenarten zutage fördern. Häufig wird in den Häfen noch eine sogenannte Unratgebühr erhoben. Auch Rettungsgebühren gibt es. Kurzum, für jede Einrichtung, die sich aus Sicherheits- oder Bequemlichkeitsrücksichten als wünschenswert herausgestellt hat, findet sich eine Art Ergänzungsgebühr, so daß die Abschlußrechnung eines Schiffes beim Verlassen des Hafens aus recht vielen Einzelposten zusammengesetzt ist. Ihre Zusammenfassung ist aus Gründen der Vereinfachung der Kostenabwicklung durchaus zu empfehlen.

Besonderen Anstoß hat man immer an den sogenannten Konsulatsgebühren genommen. Diese sind ein Entgelt dafür, daß der Konsul die Meldung derjenigen Schiffe entgegennimmt, welche über 48 Stunden im Hafen liegen. Nach dem deutschen Konsulatsgesetz vom 7. April 1901 stehen den deutschen Konsuln die Rechte von Schifffahrtspolizeibehörden zu. Über die in ihrem Bezirke liegenden Schiffe üben sie die Polizeigewalt aus und versehen die Funktionen der Seemannsämter, nehmen Verklarungen auf, wirken im Falle einer großen Havarie bei der Aufmachung der Dispache sowie bei der Eingehung von Bodmereigeschäften mit. Abgesehen von solchen Ausnahmetätigkeiten dienen die für die Hafenabgaben normal in Frage kommenden Konsularleistungen hauptsächlich statistischen Zwecken. Nach vielen Beschwerden und Abänderungsanträgen ist für das deutsche Reich das neue wesentlich gegen früher verbesserte Konsulatsgebührengesetz vom 17. Mai 1910 mit dem 1. Januar 1911 in Kraft getreten. In ihm sind die Gebühren allerdings herabgesetzt, aber das Verlangen nach einer Einheitsgebühr für jedes Schiff statt einer mit der Tonnage unbegrenzt fortschreitenden Abgabe hat sich nicht erfüllt. Auch nach dem neuen Konsulatsgesetze sind die durch die Konsulatsgebühren bedingten Belastungen der deutschen Schiffahrt immer noch höher als die der ausländischen Schiffahrt. Vor der Einführung des neuen Gesetzes war der Unterschied so gewaltig, daß eine Hamburger Reederei, die für 304 Schiffsmeldungen in einem Jahre 43 000 M. auf 22 deutschen Konsulaten zu zahlen hatte, im gleichen Falle als englische Reederei nur 760 M. gezahlt hätte.[1]) In England besteht eine Einheitsgebühr für jedes Schiff. Das neue deutsche Gesetz hat sie nur innerhalb bestimmter Grenzen und unter zeitlicher oder sachlicher Abstufung für eine Reihe von Dienstleistungen eingeführt. So ist z. B. für Aufmachung einer Dispache 15—150 Frs. im europäischen Konsulate, das Doppelte im außereuropäischen je nach Umfang der Arbeit zu zahlen, für Mitwirkung bei Verfolgung eines desertierenden Seemanns der Handelsmarine einschließlich des Beistandes bei Gerichtsverhandlungen 6 bzw. 12 M., für Feststellung der Notwendigkeit eines Bodmereigeschäftes 12 bzw. 25 M., für Mitwirkung bei Rettungs- und Bergungsmaßregeln bei Schiffsunfällen nach Umfang und Zeit 15—150 M. bzw. 30—300 M. Dagegen werden die eigentlichen Schiffsgebühren, welche die hauptsächlichste Belastung des Reedereigeschäftes bedeuten, nach der Nettotonnage berechnet (1 bzw. 2 Pf. pro n.r.t.). Diese Abgabe wird von jedem Schiffe, das sich über 48 Stunden im Hafen aufhält, eingezogen. Durch das Gesetz vom 24. Mai 1911 ist der Meldezwang verschärft, und danach jeder Schiffsführer verpflichtet, beim Anlaufen

---

[1]) Vgl. Bericht des Vereins Hamburger Reeder 1908/1909, S. 6.

eines Hafens oder einer Reede sein Schiff dem zuständigen Konsulate zu melden. Dafür hat das Schiff Anspruch auf alle Amtshandlungen des Konsulates, auf Bescheinigungen der Schiffsmeldung, auf Aufbewahrung und Bescheinigung der Schiffspapiere, auf Erteilung aller Bescheinigungen, die zur Abfertigung des Schiffes im Hafen sowie von der dortigen Behörde gefordert werden.

Für Schiffe, die in demselben Kalenderjahre denselben Hafen wieder besuchen, ist eine Ermäßigung der Kosten bei der zweiten und den folgenden Fahrten um die Hälfte des tarifmäßigen Satzes vorgesehen, und in demselben Kalenderjahre braucht ein Schiff insgesamt nicht mehr als das Vierfache des tarifmäßigen Satzes zu zahlen. Befreit von diesen Abgaben sind Schiffe, welche den Hafen nur in Ballast anlaufen und wieder verlassen und solche, welche den Hafen wegen Sturm, Havarie, Kriegsgefahr usw. als Nothafen anlaufen und nur als solchen benutzen.

Wenn auch vornehmlich durch diese Zusätze zum Gesetz ihm die hauptsächlichsten Härten genommen sind und vor allem die früher notwendige lästige Umrechnung der Gebührensätze auf die Tonne Tragfähigkeit (gemäß der früher in Kraft befindlichen Schiffsvermessungsordnung vom 5. Juli 1872, § 33, wurde 1 t Tragfähigkeit = 2,12 cbm Nettoraum gerechnet)[1]) vermieden wird, so ist die deutsche Schiffahrt immer noch stärker als die ausländische durch die Konsulatsgebühren belastet, und die Einführung eines Einheitstarifes ist nicht nur deshalb zu empfehlen, weil England zufällig einen solchen hat, und weil angestrebt werden muß, unsere Schiffahrt gleich günstig mit der englischen zu stellen, sondern besonders weil die sich ins Unbegrenzte steigernde Gebühr für größere Schiffe ein völliges Mißverhältnis von Leistung und Gegenleistung darstellt und infolge der unsicheren Wertbasis der Nettotonnage sich auch der Leistungsfähigkeit des Reeders nur sehr unvollkommen anpaßt.

Zu den Hafenabgaben im weiteren Sinne gehören vielleicht auch diejenigen Entschädigungen, die für die Behandlung der Güter im Hafengebiet vor dem Laden und nach dem Löschen gezahlt werden. Die ordnungsmäßige Abwicklung des Lade- und Löschgeschäftes im Hafen bedingt die Anlage von Schuppen, in denen die Güter bis zur Weiterbeförderung gelagert werden, von Gleiseinrichtungen, auf welchen sie mittels Bahnen befördert werden. Die Benutzung dieser An-

---

[1]) Vgl. B. W. v. König, Handbuch des deutschen Konsularwesens, Bd. 1, Berlin 1909 S. 637.

lagen verursacht naturgemäß Kosten, die von den Interessenten bestritten werden müssen. Als solche kommen aber kaum noch die Reeder in Betracht, da deren Tätigkeit erst mit der Anlieferung der Waren am Kai zu beginnen und mit der Ablieferung daselbst aufzuhören pflegt. Die dafür zu zahlenden Kosten werden daher am zweckmäßigsten außerhalb des eigentlichen Reedereigeschäftes erledigt. Sowohl für die Lagermiete als auch für den Bahntransport innerhalb des Hafengebietes spielt das zu befördernde Gewicht eine wesentliche Rolle. Bei der Lagerung ist natürlich auch die Zeit der Inanspruchnahme des Raumes für die Tarifierung von Bedeutung. Teilweise richtet sich das Lagergeld nach der in Anspruch genommenen Fläche. Namentlich für sperrige, leichte Güter ist dieser räumliche Maßstab gegenüber dem des Gewichts zu empfehlen, wie auch das Hafenbahngeld, vielfach infolge ähnlicher Überlegung, nach der Wagenzahl berechnet wird. Die für den Transport zu zahlenden Löhne für die Transportarbeiter richten sich naturgemäß nach der Anzahl der beschäftigten Arbeiter und der Zeit ihrer Inanspruchnahme.

B. Erhebungsformen für die Hafenabgaben.

Es kann hier nicht darauf ankommen, für alle oder auch nur die wichtigsten Häfen der Welt die Formen der Abgabenerhebung nach einander aufzuführen. Darüber hat die Literatur schon eine Reihe wertvoller Aufzeichnungen aufzuweisen.[1]) Die hier folgenden Ausführungen sollen nur das Typische einzelner Häfen hervorheben und zeigen, in welcher Weise sich die angewandten Formen den im vorigen Kapitel angedeuteten Grundsätzen anpassen.

Europa.

A. Deutschland.

Kiel erhebt wie die meisten Häfen in Preußen Hafenabgaben, die auf den Kubikmeter Nettoraumgehalt bezogen werden und deren Tarife sich bei größeren Schiffen steigern. Unterschieden wird dabei zwischen Dampf- und anderen Schiffen. Die letzteren erhalten Vergünstigungen. Außerdem wird für längeres Liegen im Hafengebiete für be-

---

[1]) G. D. Urquhart, „Dues and Charges on Shipping in Foreign Ports", London 1910. A. Chargueraud, „Taxes fiscales et peages maritimes". Bericht erstattet dem 7. Schiffahrtskongreß Brüssel 1898. Sieveking, Abgaben in den Staats- und Kommunalhäfen der nordeuropäischen Länder im Jahrbuch 1904 d. Schiffbautechn. Gesellschaft.

stimmte Zeiten und pro Kubikmeter ein Schiffsliegegeld und schließlich bei entsprechender Inanspruchnahme Krahn- und Schuppengeld gefordert.

Hamburg. Hier werden im wesentlichen 3 Abgabenarten unterschieden:

1. Das Tonnengeld (Gesetz vom 12. Februar 1902). Jedes in Hamburg ankommende Seeschiff hat, soweit es zum Erwerb durch die Seefahrt dient, Tonnengeld auf den Kubikmeter Nettoraumgehalt zu zahlen. Dabei sind Ermäßigungen um die Hälfte vorgesehen für Schiffe mit geringwertigen Massengütern, für Schiffe unter 120 cbm Nettoraumgehalt, für nicht oder in Ballast aus See kommende und seewärts mit Ladung abgehende Schiffe und schließlich für Schiffe, welche ihre Ladung ausschließlich in deutschen Häfen eingenommen haben und in Hamburg oder Cuxhaven löschen. Außerdem können gänzliche Befreiungen eintreten.

2. Die Hafenmeistergebühr (Hafengesetz vom 30. Juni 1897). Sie wird von allen von See oder von der Unterelbe einkommenden Seeschiffen von mehr als 150 cbm Nettoraumgehalt erhoben und ist nach dem Tiefgang (unter und über 2 m) geregelt.

3. Kaigebühren (Gesetz vom 22. Dezember 1893 und 12. Juli 1895). Sie werden erhoben:

a) als Raumgebühr

für Löschen und Laden in längstens 5 × 24 Stunden für den Kubikmeter Nettoraumgehalt mit Zuschlägen für längere Liegezeit auf je 24 Stunden abgerundet,

b) als Ladungsgebühr von den an den Kai gelöschten oder vom Kai geladenen Waren (für 100 kg 10 Pfg.). Außerdem wird ein nach Kilogramm, Zeit und Ladung geregeltes Lagergeld, ferner für Wiegen und Umstapeln ein Wiegegeld, für Heben und Absetzen ein Krangeld und für einzelne Waren eine Untersuchungsgebühr erhoben. Für Gesundheitspaß sind ebenfalls besondere Gebühren zu zahlen. Das Lootsengeld wird nach dem Tiefgange abgestuft.

Bremen.

Für die stadtbremischen Häfen ist

1. die Schiffahrtsabgabe, die nach dem Reichsgesetz vom 5. April 1886 zur Wiedereinbringung der Unterweserkorrektionskosten (Bremisches Gesetz vom 29. März 1895 und 15. Dezember 1910)[1]) von Bedeutung.

Danach wird von Ladungen der aus See nach bremischen Häfen oberhalb Bremerhavens oder von diesen Häfen nach See gehenden Schiffe mit mindestens 300 cbm Raumgehalt und von Ladungen der aus See nach Vegesack gehenden und von Vegesack nach See gehenden Schiffe mit mindestens 500 cbm Raumgehalt eine nach 7 Tarifklassen für je 1000 kg Rohgewicht abgestufte Abgabe erhoben. Die wachsende Bedeutung dieser Schiffahrtsabgabe erhellt aus folgender Zusammenstellung: Die Schiffahrtsabgabe hat Erträge geliefert:

1906	1 044 823,70 M.
1907	1 174 450,40 ,,
1908	1 134 254,20 ,,
1909	1 305 423,70 ,,
1910	1 400 035,60 ,,

---

[1]) S. Gesetzblatt d. Freien Hansestadt Bremen. 1910. Nr. 42.

Außerdem werden erhoben:
2. **Hafengeld** (nach Gesetz vom 3. Juli 1897 und 3. Juli 1907). Nach Schiffsart (Dampfer und Segelschiffe, Holzflöße, Bagger usw.) und 5 Größen und bestimmten Liegezeiten abgestuft und auf das Kubikmeter und bestimmte Zeit berechnet.

An Stelle dieses Hafengeldes tritt für Schiffe, welche von Plätzen der Unterweser nach See zu, sowie von Plätzen der Oberweser nach Bremerhaven abgefertigt oder von Bremerhaven nach einem der vorbezeichneten Plätze bestimmt sind, falls diese Berechnung günstiger für das Schiff als das Hafengeld ausfällt, ein Lastgeld von 10 Pfg. für je 1000 kg der Güter.

3. **Schleusengeld.** Nach dem Nettoraumgehalt sind 5 Stufen mit festen Summen aufgestellt.

4. **Hafenlotsengeld.** Ebenfalls nach dem Nettoraumgehalt abgestuft in 8 festen Raten erhoben. See- und Flußlotsen haben laut Bremischem Gesetzblatt 1897 S. 38 und Oldenburgischem Gesetzblatt 1897 S. 420 für Winter und Sommer und die Strecken getrennte, auf den Tiefgang bezogene Taxen. Die gleichen Abstufungen und Erhebungsformen zeigen noch die Gebühren für

5. **Verholen,**
6. **Bootshilfe,**
7. **Unratbeförderung** (verschieden für Dampfschiffe einerseits und Segelschiffe und Schleppkähne andererseits).

Ferner besteht eine

8. **Lagermiete** für Güter, welche länger als 15 Tage auf der Kaje lagern und solche, welche auf den unter Verwaltung des Hafenmeisters stehenden Lagerplätzen gelagert werden. Sie wird für je 20 qm und den Tag bzw. einen Zeitraum von 30 Tagen berechnet.

Bei Benutzung der Kräne und Überladung von Gütern oder Ballast aus dem Schiffe in Eisenbahnwagen und umgekehrt wird ein auf das Gewicht bezogenes

9. **Krangeld** erhoben.

Holland.

Der Staat gewährt den Kommunen die größte Selbständigkeit in der Festlegung der Hafenabgaben und erhebt keinen Anspruch auf Entgelt für seine pekuniäre Unterstützung.[1]

In den beiden Haupthäfen **Amsterdam** und **Rotterdam** werden erhoben:

1. **Hafengeld**, getrennt nach Größe unb Schiffsart (Segel-, Dampf- und Binnenfahrzeuge), auf das Kubikmeter Bruttoraumgehalt und eine weit bemessene Fiist berechnet.
2. **Kaigeld** für Fahrzeuge, die regelmäßig von demselben Kai Gebrauch machen, nach Tiefe und Länge.
3. **Lotsengelder**, durch den Staat erhoben, nach Tiefgang, Jahreszeit und Schiffsart geordnet. Unterschieden werden See- und Hafenlotsen.
4. **Lagergelder**, nach Quadratmeter Fläche und je 24 Stunden Raumbenutzung.
5. **Krangeld** pro $1/1$ bzw. $1/2$ Tag.
6. **Brückengeld** und **Schleusengeld** nach Raumtonnen bzw. Tonnen.

---

[1] Sieveking, Jahrbuch 1904 der Schiffbautechn. Gesellschaft, S. 165.

Die Fahrt auf dem Nordseekanal,[1]) welcher Eigentum des niederländischen Staates ist, ist frei. Weder von dem Gebrauch der Häfen einschließlich der Fischereihäfen noch der Kunstbauten werden Gebühren erhoben.

Großbritannien.

In den englischen Häfen besteht der Grundsatz der freien Konkurrenz, und das private Unternehmertum ist hier stärker als in irgendeinem anderen Staate vorherrschend. Maximaltarife sind durch Gesetz normiert.

London.

In der Hauptsache kommen, abgesehen von besonderen gebührenpflichtigen Beanspruchungen (Lotsengeld, Landungsgeld usw.) 3 Abgaben in Betracht. Beim Einlaufen in den Hafen wird ein

Tonnengeld bzw. Feuergeld erhoben, getrennt nach Küstenfahrer und Verkehr innerhalb bestimmter Breiten- und Längengrade, pro Nettoraumtonne.

Außer diesen Abgaben, die als Entgelt für die Bemarkung und Unterhaltung des Fahrwassers angesehen werden, erheben die Dockgesellschaften noch:

Dockgelder bei Benutzung der Docks, ebenfalls auf die Nettoraumtonne bezogen und nach der Zeit, dem Platze und dem Zwecke des Aufenthaltes (Laden, Reparatur) berechnet.

Neben diesen beiden Abgaben haben die Eigner der Ladung noch

Hafenabgaben auf Güter, getrennt nach deren Wert und Ein- und Ausfuhr, auf die Gewichtstonne bezogen, zu zahlen.

Liverpool.

Auch hier werden

Tonnengelder, Dockabgaben und Hafenabgaben auf Güter unterschieden. Die ersteren haben alle Schiffe, welche die Docks nicht aufsuchen, zu zahlen, alle anderen sind davon befreit. Einteilung und Begrenzung ist ähnlich wie im Londoner Tarif.

Für **Hull** erhebt „The Humber Conservancy Board"

Stadt- oder Hafenabgaben, die nach dem Reiseziele bemessen und auf die Nettoraumtonne bezogen werden, sodann

Lotsengelder, nach Tiefgang.

Für Sonderfahrzeuge (Fischereifahrzeuge, Leichter, Schlepper) werden noch

Registrierabgaben, die ebenfalls auf die Nettoraumtonne bezogen werden, erhoben.

Für die Benutzung der Docks, die im Privatbesitz sind, bestehen besondere Tarife.

Glasgow verlangt

von jedem in den Fluß oder Hafen einfahrenden Schiffe pro Nettoraumtonne Tonnenabgaben, die nach dem Fahrtbereich in 3 verschiedenen Grundtaxen erhoben werden.

Bei einem Aufenthalt über 24 Tage wird pro Nettoraumtonne und Woche eine weitere Abgabe erhoben.

---

[2]) „Der Hafen von Amsterdam", herausgegeben von der Handelskammer von Amsterdam, Amsterdam 1907.

Für Laden oder Löschen wird eine
Ladungsabgabe per Tonne verlangt, die sich nach dem Wert der Ladung richtet.

Außerdem kommen noch **Wiege-** und **Krangelder** in Betracht.

Bei Benutzung der **Trockendocks** gelten die Raten pro Bruttoraumtonne.

Die **Lotsengebühren** werden zunächst nach dem Tiefgang bemessen. Es sind für sie aber Minimalraten nach dem Nettoraumtonnengehalt vorgesehen.

In ähnlicher Form wie in London erheben auch die anderen Städte Großbritanniens ihre Abgaben.

Belgien

hat mit **Schweden** und **Rußland** ein eigenes Vermessungssystem. Danach ist der Nettoraumgehalt um rund 18,5 % größer als in England.

Es sind Staats- und Kommunalabgaben zu zahlen. Der Staat zieht die **Lotsen-** und **Polizeigebühren** ein, die Gemeinde die eigentlichen Navigationsabgaben.

Antwerpen erhebt die

Lotsengebühr nach dem Tiefgang mit 6 Fr. Grundgebühr und für den Kopf der Besatzung beim Eingang 50 Cent., beim Ausgang 2 Fr.

Die **Hafenabgaben** werden auf die Nettoraumtonne bezogen. Bei häufigeren Besuchen innerhalb eines Jahres treten Ermäßigungen ein.

Ladeabgaben werden für jede Tonne eingenommener oder gelöschter Ladung erhoben und nach Wertstufen geregelt.

Ähnliche Abgaben fordern auch die anderen belgischen Häfen.

Griechenland.

erhebt Hafenabgaben nach der Menge der Ladung im Verhältnis zum Nettoraumtonnengehalt, die bei längerem Aufenthalt erhöht werden. Für Ein- und Ausladen der Passagiere sind besondere Abgaben zu zahlen.

Italien.

Neapel berechnet

Anker- oder **Hafengeld** für Löschen und Laden nach tons Ladung. Für Landen und Einnehmen von Passagieren besteht ein **Kopfgeld**. Die Hafengebühr kann für ganz Italien im Jahresabonnement bezahlt werden (4,35 Lire pro Nettoraumtonne).

Außerdem **Lotsengebühr** auf die Nettoraumtonne.

Für **Dolmetscherhilfe** sind bestimmte Raten zu leisten. Die anderen italienischen Häfen **Genua, Palermo** usw. haben ähnliche Gebühren.

Frankreich.

Man unterscheidet **Staats-** und **Kommunalabgaben**. Alle beide werden von der Regierung unmittelbar festgesetzt. Während die ersteren nicht im Interesse der Schiffahrt verwendet zu werden brauchen, also keine Gegenleistung des Staates beanspruchen und daher eigentlich Steuern sind, besteht für die letzteren diese Bestimmung. An Staatsabgaben werden hauptsächlich erhoben: nach dem „Droit de quai" (Gesetz vom 30. Januar 1872 und 23. Dezember 1897):

Kaigelder für das Einnehmen und Löschen von Ladung nach dem Verhältnis der eingenommenen oder gelöschten Ladung in Tonnen zum Nettoraumgehalt, zwischen 1 Fr. bis 10 Cent. für die Nettoraumtonne abgestuft. Passagiere werden je einer Tonne Ladung gleichgeachtet; ebenso ein Pferd, Maulesel oder Rindvieh.

Sanitätsabgaben nach der „Taxe sanitaire" und dem „Droit de reconnaissance" für jeden Passagier.

Die anderen Abgaben sind örtlicher Art.

Es sind stets zu entrichten:

Tonnen- oder Hafenabgaben, die auf die Nettoraumtonne bezogen und meistens nach Schiffsgröße und Fahrtstrecke geregelt sind.

Lotsengebühren werden nach Nettoraumtonnen bemessen und häufig auch nach der Größe der Ladung, ob ganz oder teilweise beladen (z. B. in **Le Havre**), abgestuft.

Für Passagiere sind ferner noch Abgaben für Ein- und Ausschiffen, sowie für Benutzung der Landungshallen pro Kopf zu zahlen. **Cette** regelt diese Abgabe auch nach der Dauer des Aufenthalts und erhebt ferner noch eine Reihe kleinerer Lokalabgaben.

Rußland.

Hier werden die Abgaben regierungsseitig eingezogen und von der Regierung wieder an die einzelnen Häfen verteilt und für ihre Bedürfnisse verwendet.

Ein- und auskommende Schiffe bezahlen 10 Kop. für die Nettoraumtonne als Hafenabgaben

und als

Waren- oder Ladungsabgaben pro Pud ($= \infty$ 40 Pfund) ein- oder ausgeführter Ladung nach Wertabstufung 1, $^1/_2$ oder $^1/_4$ Kop.

Außerdem werden von den Häfen noch erhoben: Lotsengebühren nach Tragfähigkeit oder Nettoraumtonnen. Sanitätsgebühren nach Nettoraumtonnen und eine Reihe besonderer Abgaben wie Kirchen-, Schul-, Börsen-, Stempelabgaben sowie Kran- und Wiegegelder.

Dänemark

hat Staats-, Kommunal- und einen Freihafen (Kopenhagen). Dänische Handelsschiffe von 50 Nettoraumtonnen und darüber haben, wenn sie auf ausländischer Fahrt verwendet werden, eine feste halbjährliche Konsulatsabgabe pro Nettoraumtonne zu leisten (Gesetz über das Konsulatswesen vom 14. April 1893 und Kgl. Ordre vom 31. Jan. 1896).

Kopenhagen erhebt

Kaiabgaben für die Nettoraumtonne und je einen Monat, ferner Ladungsabgaben für jede Tonne am Bollwerk gelöschter oder geladener Güter bis zum Höchstmaß von 10 Oere pro Nettoraumtonne. Außerhalb des Freibezirks wird außerdem noch eine Warenabgabe für jede Tonne aus dem Auslande eingeführter Waren erhoben.

Lotsengebühr nach Tiefgang und Bruttotonnage.

Die Staats- und Kommunalhäfen fordern außerdem noch eine Hafenabgabe für jede Nettoraumtonne beim Ein- und Auswärtsgehen der Schiffe.

Die
Türkei
erhebt in der Hauptsache Leuchtfeuergebühren auf die Nettoraumtonne berechnet und nach der Größe abgestuft, und
Sanitätsgebühren, die ähnlich berechnet werden.
Lotsengelder werden meistens gemäß Abkommen bezahlt.

Amerika.
Vereinigte Staaten von Amerika.

New York erhebt eine Tonnageabgabe auf Nettoraumtonnen. Von der 6. innerhalb eines Jahres ausgeführten Reise an sind die Dampfer von dieser Abgabe befreit. Eine Kopfsteuer wird für jeden Passagier, der nicht Bürger der Vereinigten Staaten von Amerika ist, in der Höhe von 4 $ pro Kopf erhoben.

Quarantänegebühren für Desinfektion und Untersuchung der Zwischendecker.
Lotsengeld nach Tiefgang.

Für Benutzung der nicht eigenen Docks und Kais werden besondere Dockabgaben erhoben (siehe Baltimore).

Baltimore ist Freihafen, erhebt also keine eigentlichen Hafenabgaben.

Dockabgaben für Schiffe, die ein Kommumaldock, Quai oder Pier benutzen, steigend mit Größe des Schiffes und den Tagen des Aufenthalts, nach tons. Sie werden aber nur gefordert, wenn Ladungsgebühren nicht oder zu gering in Anwendung kommen. Diese werden nach Wertklassen abgestuft und auf Barrel, Stück oder ton bezogen.

Lotsengebühren nach Tiefgang.

Philadelphia.
Ähnlich wie Baltimore.

New Orleans.
Hafenabgaben. Feste Raten von höchstens 10 $ für Schiffe in Ballast oder mit frischen Früchten und einem Zuschlag von 5 $ für Schiffe mit allgemeiner Ladung.

Kaiabgaben auf Bruttoregistertonne bezogen und nach 3 und 6 Tagen abgestuft. Über 6tägigen Aufenthalt werden bis zu einer Dauer von 30 Tagen Gebühren nicht erhoben.

Schuppengebühren für Inanspruchnahme von Schuppen auf die Bruttoregistertonne bezogen.

San Francisco.
Lotsengebühren nach Tiefgang und nach Bruttoregistertonnen geregelt.

Kaiabgaben für alle Ozeanschiffe nach Größenstufen geordnet und auf die Nettoregistertonne und je 1 Tag = 24 Stunden bezogen.

Ladegebühr, pro ton Ladung nach Menge und Wert abgestuft.

Boston erhebt die
Hafenabgaben pro Nettoregistertone mit zweierlei Grundraten; die geringere für Schiffe, die aus den britischen Provinzen kommen.

Lotsengebühren nach dem Tiefgang.

Canada.

Quebec fordert
Tonnageabgaben von jedem Schiffe, welches Ballast oder Ladung im Hafen löscht, entsprechend deren Menge pro Nettoregistertonne oder ton.

Für Kai-und Dockbenutzung wird pro Tag den Schiffsgrößen entsprechend pro ton eine Kaigebühr erhoben, die nach dem Werte der Ladung abgestuft wird.

Saint John erhebt
Hafenmeisterabgaben nach fester auf Größe (Nettoregisterton) und Fahrtbereich aufgebauter Skala. An Stelle dessen kann auch eine Jahrespauschale treten; ferner
Anker- und Hafenabgaben nach Nettoregistertonnen.
Sodann sind
Dockabgaben nach Warenwert und Menge und
Lotsengebühren nach Tiefgang zu zahlen.

Asien.

China.

Die englische Besitzung
Honkong erhebt
Leuchtfeuerabgaben für jede Nettoregistertonne (zurzeit 2 Cents).
Alle Docks sind in Privatbesitz und haben besondere Tarife.
Lotsengebühren bestehen für jedes Schiff nach festen Sätzen, die sich mit der Strecke ändern.

Shanghai.
Die Zollbehörde verlangt Hafenabgaben für jede Nettoregistertonne (über 150 Nettoregistertons: 4 mace per ton, unter 150 Nettoregistertons: 1 mace per ton, 1 mace = 0,245 M.) von einem jeden einkommenden Schiffe.

Da alle Anlagen Privatgesellschaften gehören, sind bei Benutzung an diese gemäß Tarif nach festen mit dem Aufenthalt steigenden Sätzen weitere Bojengelder und Ankergelder zu zahlen. Küstendampfer haben dabei eine Vergünstigung.

Tonnengelder werden nur von Schiffen über 1500 Nettoregistertons von jeder Nettoregistertonne darüber erhoben.

Die Lotsengebühren sind freiwillig und regeln sich nach Tiefgang und sind für Segelschiffe und Dampfschiffe getrennt.

Der Hafen der portugiesischen Besitzung in China **Macao** ist frei von eigentlichen Hafenabgaben. Auch das Laden und Löschen ist am Tage frei.

Japan.

Yokohama.
Jedes Schiff hat beim Eintritt in den Hafen ein Tonnengeld für jede Nettoregistertonne zu zahlen. Bei häufigerem Besuch im gleichen Jahre gilt der 3 fache Betrag, im voraus bezahlt, als Abfindung.

Ferner sind
Kaigelder für Benutzung der Kais für jede Nettoregistertonne nach je 24 Stunden Aufenthalt geregelt, zu zahlen.

Lotsengebühren, freiwillig, nach Tiefgang und Bruttoregisterton geregelt.

Jedes fremde Schiff muß außerdem noch feste Gebühren für **Rattenvertilgung** zahlen, die nach 3 Schiffsgrößen geordnet sind. Bei ansteckenden Krankheiten an Bord sind weitere

Desinfektionsgebühren nach ähnlichem Tarife zu zahlen.

Nagasaki ähnlich.

Indien.

Calcutta erhebt

Hafenabgaben von jedem einkommenden Schiffe auf jede Nettoregistertonne.

Kaiabgaben auf die Bruttoregistertonne nach einer steigenden Skala.

Lotsengebühren nach Tiefgang.

Madras erhebt

Hafenabgaben pro Nettoregistertonne nach Fahrtbereichsstufen. Zeitgrenzen sind dabei gesetzt.

Für Kai- und Dockbenutzung sind pro Tag **Kaiabgaben** in feststehenden Raten zu leisten.

Außerdem werden nach dem Fahrtbereich geordnete **Leuchtfeuerabgaben** erhoben.

Lotsengebühren nach Nettoregistertonne. Für Laden und Löschen sind pro Nettoregistertonne oder Kubikfuß einer Warenskala entsprechend

Ladegebühren zu zahlen.

Afrika.

Capstadt erhebt

Hafenabgaben von jedem fremden Schiffe, das kein Dock aufsucht pro Bruttoregistertonne. Bei Benutzung von Docks werden

Dockabgaben pro Frachttonne verlangt.

Lotsengebühren nach Bruttoregistertons.

Ladungsabgaben für Löschen nach ton-Fracht mit unterschiedlicher Rate, ob die Güter für die Kolonie oder außerhalb und Natal bestimmt sind.

Außerdem

Krangebühren nach der Stunde Benutzung.

Wägegebühren nach Gewicht.

Schuppengebühren desgleichen und pro Woche.

Australien.

Sidney erhebt

Hafen- und Feuerabgaben pro Nettoregistertonne von jedem Schiffe. Diese Abgabe entbindet das Schiff von jeder weiteren Abgabe innerhalb von 6 Monaten. Ferner:

Für alle gelöschten Güter per ton eine

Ladungsabgabe. Sodann eine

Kaiabgabe nach Größenstufen pro Nettoregistertonne für Benutzung von Privatkais Lotsengebühren nach Nettoregistertons.
Melbourne erhebt
Hafenabgaben,
Kaiabgaben und
Lotsengebühren ähnlich wie Sydney.

C. Erhebungs-Beispiele.[1])

1. Dampfer von

Bruttokubikmeter	37 116,3	Bruttoregistertons	13 102,06
Nettokubikmeter	22 324,5	Nettoregistertons	7 880,56
Suez-Kanal-Meßbrief	9 369,99 Nettoregistertons	Belg. Nettoregistertons	8 657,—
		Türk. Tons, Nettoregistertons + 10% =	7 960,—

auf der Fahrt von Bremen nach Sidney und zurück.

Bremerhaven. Ausgehend:

Hafengeld M. 0,30 per Nettokubikmeter	6 697,50 M.
Bootshilfe	50,00 „
Hafenlotsengeld	60,00 „
do. für Verholen	60,00 „
Lotsengeld nach See, Tiefgang 7,7 m à 26,80 M.	206,35 „

Einkommend:

Feuer- und Bakengeld 200 netto Kubikmeter frei, der Rest à M. 14 . .	8 849,80 „
Lotsengeld von See, Tiefgang 7,3 m à 23,50 M.	171,55 „
Quarantänegebühren	75,00 „

Antwerpen. Ausgehend:

Lotsengeld von See, Tiefgang 77 Dezimeter nach Vlissingen

Winterrate: bis 60 Dezimeter	481,48 Fr.
jeder weitere Dezimeter 29,63 Fr.	503,71 „
Von Vlissingen nach Antwerpen	
bis 60 Dezimeter	195,00 „
jeder weitere Dezimeter 5 Fr.	85,00 „
Für die Ermittlung des Tiefganges	0,53 „
do. nach See.	958,35 „
Quaigebühren: pro Belg. Nettoregistertons 30 Cts	2 597,10 „

---

[1]) Die Beispiele beziehen sich ausnahmslos auf tatsächlich ausgeführte Reisen; sie sind von den in Betracht kommenden Reedereien dem Institut für Seeverkehr und Weltwirtschaft in Kiel bereitwilligst zur Verfügung gestellt worden. Die Aufstellungen sind genau so wiedergegeben, wie die Reedereien sie eingereicht haben. Umrechnungen in deutsche Münze finden sich demnach nur dann, wenn sie in den Originalen enthalten sind.

Einkommend:

Lotsengeld von See (Tiefgang 76 Dezimeter) nach Vlissingen
Sommerrate bis 60 Dezimeter .... 370,37 Fr.
          jeder weitere Dezimeter 22,22 Fr. .... 350,52 „
          Von Vlissingen nach Antwerpen
          bis 60 Dezimeter .... 183,00 „
          jeder weitere Dezimeter 5 Fr. .... 80,00 „
          für die Ermittlung des Tiefganges .... 0,53 „

          nach See (Tiefgang 75 Dezimeter)
          Von Antwerpen nach Vlissingen. .... 183,00 „
          jeder weitere Dezimeter 5 Fr. .... 75,00 „
          Von Vlissingen nach See
          bis 60 Dezimeter .... 266,67 „
          jeder weitere Dezimeter 17,78 Fr. .... 266,70 „
          Für die Ermittlung des Tiefganges .... 0,53 „

Quaigebühren wie ausgehende Reise.

Southampton.   Ausgehend.

Lotsengeld von See, Tiefgang 26 Fuß à 6/4$^1/_2$ .... £ 8. 5. 9
    do.   nach See, Tiefgang 26 Fuß à 5/3 .... „ 8. 16. 6
Feuergelder per N.R.T. 2$^3/_4$ d./. 30% .... „ 63. 4. 1
Hafenabgaben per N.R.T. 1 d .... „ 32. 16. 9
    do.   Feuer- und Bakengeld .... „ —. 10. —
Dockabgaben (Piergebühren) 1 d. per N.R.T. .... „ 32. 16. 9
Feuergelder Minicoy Islands 1/16 d. per N.R.T. .... „ 2. 1. —

                      Einkommend.

Lotsengeld von See, Tiefgang 25 Fuß à 6/4$^1/_2$ .... £ 7. 19. 4
    do.   nach See, Tiefgang 25 Fuß à 5/3 .... „ 6. 11. 3
Hafenabgaben }
    do.   } Feuer- und Bakengeld = wie ausgehende Reise.
Dockabgaben }

Algier.   Ausgehend und einkommend gleiche Kosten.

Quaigebühren } für gelandete Passagiere von europäischen Häfen
            } 50 Cts., alle anderen 1 Fr. pro Kopf.
Sanitätsgebühren, dieselben Kosten wie bei den Quaigebühren.
Lotsengeld per N.R.T. 2 Cts. .... Fr. 157,60
Fest- und Losmachen .... „ 15,00

Genua.   Ausgehend.

Lotsengeld   eink. Lire 160,00, ausgehend Lire 80,00 ...... Lire 240,00
Hafengeld { 313 tons Ladung, gelöscht und geladen à Lire 5 .. }
           { 291 Passagiere, gelandet und eingenommen à Lire 14 } „ 5639,00

Probleme der Weltwirtschaft 11.

Extrahafengeld per N.R.T. Lire 0,05 . . . . Lire 394,05
Dolmetscher   bei der Quarantänestation . . . .   „   10,00

Einkommend.

Lotsengeld   eink. Lire 160,00, ausgehend Lire 80,00.
               Verholen 50,33 Lire . . . .   Lire 293,35
Hafengeld   { Monatsabonnement à 1,45 per N.R.T., davon die }
             { Hälfte, außerdem 89 Passagiere à Lire 14,00 . . . . } „ 6960,35
Extrahafengeld }
Dolmetscher   } wie ausgehende Reise.

Neapel.   Ausgehend.
Lotsengeld   einkommend und ausgehend . . . .   Lire 240,00
Hafengeld   { 115 tons Ladung, gelöscht und geladen à Lire 5,00 }
             { 42 Passagiere, gelandet u. eingenommen à Lire 14,00 } „ 1163,00
Dolmetscher   für Erteilung der Praktika   „   5,00

Einkommend.
Lotsengeld einkommend und ausgehend Lire 240,00
            Nachts extra   „   5,00
            Verholen   „   25,00 . . . .   Lire 270,00
Hafengeld { 295 tons Ladung, gelöscht u. geladen à Lire 5,00 . . . }
           { 78 Passagiere, gelandet u. eingenommen à Lire 14,00 . . } „ 2567,00
Dolmetscher wie ausgehende Reise.

Port Said.
             Ausgehend und einkommend gleiche Kosten.
Leuchtfeuergebühren bis zu 800 Türk. Netto-Tons Mill. 10 pr. Tonne,
            für den Rest per Netto-Tonne Mill. 5,/.5 % . .   Fr. 4164,30
Kanalgebühren per N.R.T. des Suez-Kanal-Meßbriefes Fr. 7,25 =
            Fr. 67032,50 . . . .   P. 326076,00
Praktika des Gesundheitsamtes ausgehend P.T. 207, einkommend
    P.T. 187.

Suez.
Ausgehend keine Kosten.
Einkommend Quarantänegebühren P.T. . . . .   Rs. 187,00

Aden.
Ausgehend und einkommend gleiche Kosten.
Hafengeld per N.R.T. 1 anna . . . .   Rs. 492,90

Colombo.   Ausgehend.
Tonnengelder . . . . Rs. 600,00
    do.   auf gelöschte u. geladene Güter 725 tons à 25 Cts . „ 181,25
Lotsengeld . . . .   „ 145,00

Einkommend.

Tonnengelder auf gelöschte und geladene Güter 1436 tons
à 25 Cts.. . . . . Rs. 359,00
Lotsengeld wie ausgehende Reise.
Feuergelder der Minicoy Islands 1/16 d. per N.R.T. . . . . . . „ 30,79

Fremantle. Ausgehend und einkommend zusammen:
Lotsengeld je £ 20,00 . . . . £ 40. —. —
Feuergelder je per N.R.T. 1 d . . . . „ 65. 13. 6
Anlegegelder auf gelöschte u. geladene Güter 875 t à 2 d . . . . . „ 7. 5. 10
Tonnagegebühr auf gelöschte u. geladene Güter 875 t à 3 d . . . . „ 10. 18. 9

Adelaide. Ausgehend und einkommend zusammen:
Feuergelder je per N.R.T. 3 d . . . . £ 197. —. 6
Lotsengeld je 12. —. —. . . . . „ 24. —. —
Tonnagegebühr auf gelöschte u. geladene Güter 1844 t à 3 d . . . . „ 23. 1. —

Melbourne. Ausgehend und einkommend zusammen:
Tonnagegebühr per N.R.T. 6 d für 6 Monate . . . . £ 197. —. 6
Lotsengeld je 52,50. — (Maximum) . . . . „ 105. —. —
Quaigebühren 1 d per N.R.T. und Stunde, 103 Stunden . . . . . . „ 70. 9. 4

Sidney. Ausgehend und einkommend zusammen:
Hafen- und Feuergelder per N.R.T. 4 d für 6 Monate . . . . . . £ 131. 7. —
Lotsengeld je 20. —. — . . . . „ 40. —. —

2. Dampfer von

Bruttokubikmeter 49076,8, Brit. Bruttoregistertons 17324,12
Nettokubikmeter 27857,5, Brit. Nettoregistertons 9833,09
auf der Fahrt von Genua nach New York und zurück.

Genua.
Ankergeld wird im Jahresabonnement für ganz Italien bezahlt.
(Hafengeld)
9833 N.R.T. à Lire 4,35 = Lire 42778,50
Da 8 Rundreisen für diesen Dampfer in Frage kommen
$1/8$ des Betrages . . . . Lire 5347,35
Extrahafengeld 5 Cents per N.R.T. . . . . „ 491,65
Lotsengeld für Abfahrt   Lire 80.00
           für Verholen   „ 53,33 . . . .
           für 2. Lotsen   „ 75,00 (3 Leistungen) . . . . . „ 208,33
Dolmetscher bei der Quarantänestation für Erteilung der Praktika „ 10,00

Neapel.
Ankergeld frei, da in Genua im Abonnement bezahlt.
Lotsengeld einkommend und ausgehend   Lire 240
    do. für Abfahrt während der Nacht   „   5
    do, für an den Pier legen   „ 25   Lire 270,00
Dolmetscher bei der Quarantänestation für Erteilung der Praktika   „   5,00

Palermo.
Ankergeld   frei, da in Genua im Abonnement bezahlt.
Lotsengeld   einkommend und ausgehend . . . .   = „ 195,00
Dolmetscher bei der Quarantänestation für Erteilung der Praktika .   = „   5,00

New York.
Tonnagegebühren à 6 Cents per N.R.T.
    Von der 6. innerhalb eines Jahres ausgeführten
    Reise sind die Dampfer von dieser Abgabe befreit.
    Jahresabgabe: $ 2949,90 : 8 (Reisen pro Jahr) .   = $ 368,70
Lotsengeld einkommend Tiefgang 24 Fuß à 4,88 = $ 117,12 . . .
    ausgehend Tiefgang 28 Fuß à 3,56 = $ 99,68 . . .   „ 216,80
Kopfgeld für nicht einheimische Passagiere, gesetzliche Abgabe.
    $ 4,00 pro Kopf
    z. B. für 2400 Passagiere . . . .   „ 9600,00
Quarantäneabgaben.
    Für Desinfektion . . . .   „   10,00
    Für ärztliche Untersuchung von je 100 Zwischendeckern
    à 2,00 für 2020 Passagiere . . . .   „   40,40

Gibraltar.
Hafenabgaben. Für jede 100 N.R.T. 2 Sh. bis zur Maximalabgabe
    von £ 4. —. — . . . .   £ 4. —. —
Erteilung der Praktika nach 9 pm . . . .   „ —. 4. —
Lotsengeld . . . .   „ 1. —. —

Algier.
Quaiabgaben für jeden gelandeten Passagier 1 Fr.; Passagiere von
    europäischen Häfen zahlen die Hälfte. (Berechnung
    richtet sich nach der Anzahl der Passagiere.)
Sanitätsabgaben. (Dieselbe Berechnung.)
Lotsengeld 9833 N.R.T. à 2 Cents pro Tonne . . . .   Fr. 196,66
Fest- und Losmachen . . . .   „ 15,00

Neapel.
Ankergeld frei, da auf der Ausreise in Genua im Abonnement bezahlt.
Lotsengeld, einkommend und ausgehend . . . .   Lire 240,00
    do. für an den Pier legen . . . .   „ 25,00
Dolmetscher bei der Quarantänestation für Erteilung der Praktika   „   5,00

Genua.

Ankergeld frei, da auf der Ausreise im Abonnement bezahlt.
Extrahafengeld 5 Cents per N.R.T. für 9833 N.R.T. . . . . Lire 491,65
Lotsengeld bei Ankunft   Lire 160,00
    do. für Verholen ,,   53,33
    do. für 2 Lotsen ,,   50,00 (2 Leistungen) . . . . .   ,, 263,33
Dolmetscher bei der Quarantänestation für Erteilung der Praktika .   ,, 10,00

3. Dampfer von

55249,9 Bruttokubikmeter, 19503,22 Brit. Bruttoregistertons
18652,8 Nettokubikmeter, 6584,44 Brit. Nettoregistertons
auf der Fahrt von Bremerhaven nach New York und zurück.

Bremerhaven.   Ausgehend (nach New York).

Lotsengeld: Tiefgang 9,3 m; 16,70 M. pro Meter . . . .   M. 155,31
Hafengeld: 18653 Nettokubikmeter 0,30 M. pro Nettokubikmeter.   ,, 5595,90
Hafenlotsgeld: für Aus- und Einbringen . . . .   ,, 60,00
         für Verholen . . . .   ,, 12,00
Bootshilfe . . . .   ,, 50,00
Unratsgebühren . . . .   ,, 60,00
Schleusengeld: (Dampfer über 6800 Nettokubikmeter, welche ein
         Hafengeld von 0,30 M. pro Nettokubikmeter be-
         zahlen, sind von dieser Gebühr befreit).

Einkommend von New York.

Lotsengeld: Tiefgang 8,6 m; 23,50 M. pro Meter . . . .   ,, 202,10
Feuer- und Bakengeld: Das Feuer- und Bakengeld beträgt von dem
         über 200 cbm hinausgehenden Nettoraumgehalt
         eines Dampfers 0,14 M. pro Nettokubikmeter. 18453
         Nettokubikmeter, 0,14 M. pro Nettokubikmeter .   ,, 2583,42

Southampton.   (Zum Dock-Kai.)
Lotsengeld: Einkommend:
         Tiefgang 29 Fuß 11 Zoll, sh. 6/4½ pro Fuß. . .   £ 9. 11. 3
         ausgehend:
         Tiefgang 30 Fuß 2 Zoll, sh. 5/3 pro Fuß . . . .   ,, 7. 17. 6
Feuergeld: 6584 N.R.T. 2¾ d. pro N.R.T. abzgl. 30%
         Rabatt . . . .   ,, 52. 16. 3
Stadtabgaben   6584 N.R.T.1 d pro N.R.T. . . . .   ,, 27. 8. 8
Bakengeld: . . . .   ,, —. 10. —
Dockabgaben: 6584 N.R.T. 1 d. pro N.R.T. . . . .   ,, 27. 8. 8

Cherbourg. Ausgehend nach New York.

Lotsengeld:	6584 N.R.T. Fr. 0,15 pro N.R.T.	Fr. 987,60
Sanitätsabgaben	22 Passagiere von Bremen	
	135 Passagiere nach New York	
	157 Passagiere à Fr. 0,50	„ 78,50
Hafenabgaben:	Dieselben Fr. 78,50	
	Dazu für Passeport „ 2,50	„ 80,70
Quaiabgaben:	22 Passag. v. Bremen à Fr. 0,50 Fr. 11,00	
	135 Passag. n. New York à Fr. 1,00 „ 135,—	„ 146,00
Landungshallen:	Dieselben	„ 146,00

Einkommend von New York.

Lotsengeld:	6584 N.R.T. Fr. 0,17½ per N.R.T.	„ 1152,20
Sanitätsabgaben:	211 Passagiere von New York	
	10 Passagiere nach Bremen	
	221 Passagiere à Fr. 1,00	„ 221,00
Hafenabgaben:	Dieselben Fr. 221,00	
	dazu für Passeport „ 2,20 . . .	„ 223,20
Quaiabgaben:	211 Kajütspassagiere von New York à Fr. 211,00	
	10 Passagiere nach Bremen à Fr. 0,50 „ 5,00	„ 216,00
Landungshallen:	Dieselben	„ 216,00

New York.

Lotsengeld:	Einkommend	
	Tiefgang 28½ Fuß; $ 4,88 pro Fuß	$ 139,08
	ausgehend:	
	Tiefgang 31 Fuß 3,56 pro Fuß	„ 110,36
Tonnageabgabe:	6584 N.R.T. $ 0,06 pro N.R.T.	„ 395,04
	(Von der sechsten innerhalb eines Jahres ausgeführten Reise sind die Dampfer von dieser Abgabe befreit.)	
Kopfsteuer:	Für jeden Passagier, der nicht Bürger der Vereinigten Staaten von Amerika ist, wird eine Kopfsteuer von $ 4,00 pro Kopf erhoben, z. B	
	522 Passagiere $ 4 per Passagier	„ 2088,—
Quarantäne:	Desinfektion.	„ 10,—
	Untersuchung von 328 Zwischendeckern, für je 100 Zwischendecker $ 2,—.	„ 8,—

Plymouth. Einkommend von New York.

Lotsengeld:	einkommend:	
	Tiefgang 28 Fuß 3 Zoll sh. 3/— per Fuß	£ 4. 4.—
	ausgehend:	
	Tiefgang 28 Fuß 3 Zoll sh. 3/— per Fuß	„ 4. 4.—

Feuergeld: Wie in Southampton.
6584 N.R.T. 2¾ d pro N.R.T. abzgl. 30% Rabatt . . £ 52. 16. 3
(Nach der sechsten Reise (Southampton mit eingerechnet) sind die Schiffe von dieser Gebühr befreit.)

4. Dampfer von

Bruttokubikmeter 30908,5   Bruttoregistertons Brutto 10910,71
Nettokubikmeter 19039,4   Bruttoregistertons Netto 6720,90
Belg. Nettotons 7570,00,   Türk. Tons N.R.T. u. 10% = 6787,90
Suezkanal-Meßbrief Nettotons 7635,85
auf der Fahrt von Bremerhaven nach Yokohama und zurück nach Hamburg.

Bremerhaven. Ausgehend.
Hafengeld M. 0,30 per Nettokubikmeter 19039,4 .... M. 5711,70
Bootshilfe.. „ 50,00
Hafenlotsgeld... „ 60,00
„ für Verholen .... „ 60,00
Lotsgeld nach See, Tiefgang 7,5 m à M. 26,80 .... „ 201,00
Unratgebühren .... „ 60,00
Hamburg. Einkommend.
Admiralitätslotsgeld 69 dcm Tiefgang (Sommertaxe) ..... „ 239,00
Untersuchungsgebühren .... „ 60,00
Lotsgeld von Brunsbüttel 6,9 m per m M. 12,56 nebst 3,50 über den Sand „ 90,10
Lotse, Cuxhafen-Hamburg (Privatlotse)............... „ 120,00
Hafenmeistergebühr .... „ 30,00
Rotterdam. Ausgehend.
Lotsengeld .... Fl. 764,64
Hafenlotsgeld....................................... „ 8,75
Hafengeld, 3 3/4 Cents per Bruttokubikmeter .... „ 1159,28
einkommend wird Rotterdam nicht angelaufen.
Antwerpen. Ausgehend.
Lotsengeld: von See nach Vlissingen, Tiefgang 77 dcm
Winterrate: bis 60 dcm .... Fr. 481,48
             jeder weitere Dezimeter Frcs. 29,63 .... „ 503,71
             von Vlissingen nach Antwerpen bis 60 dcm .... „ 195,00
             jeder weitere Dezimeter Frcs. 5,00 .... „ 85,00
             Für die Ermittlung des Tiefgangs .... „ 0,53
                                                          Fr. 1265,72

             von Antwerpen nach Vlissingen, Tiefgang 82 dcm,
             bis 60 dcm .... Fr. 195,00
             jeder weitere Dezimeter Fr. 5,00 .... „ 110,00
             Von Vlissingen nach See bis 60 dcm .... „ 284,44
             jeder weitere Dezimeter Fr. 17,78 .... „ 391,16
             Für die Ermittlung des Tiefgangs .... „ 0,53
                                                          Fr. 981,13
Quaigebühren per Belg. Nettoregistertons Fr. 0,30 .... „ 2271,00

Einkommend.

Lotsengeld:
Sommerrate: von See nach Vlissingen, Tiefgang 69 dcm; bis 60 dcm   Fr. 370,37
            jeder weitere Dezimeter Fr. 22,22 . . . .   „ 199,98
            von Vlissingen nach Antwerpen bis 60 dcm. . . .   „ 183,00
            jeder weitere Dezimeter Fr. 5,00 . . . .   „ 45,00
            Für die Ermittlung des Tiefgangs . . . .   „ —,53
                                                          Fr. 798,88

            von Antwerpen nach Vlissingen. Tiefgang 71 dcm
            bis 60 dcm . . . .   Fr. 183,00
            jeder weitere Dezimeter Frcs. 5,00 . . . .   „ 55,00
            Von Vlissingen nach See, bis 60 dcm . . . .   „ 266,67
            jeder weitere Dezimeter Fr. 17,78 . . . .   „ 195,58
            Für die Ermittlung des Tiefgangs . . . .   „ —,53
                                                            Fr. 700,78

Quaigebühren wie ausgehend.

Southampton.   Ausgehend.
Lotsengeld:
einkommend, Tiefgang, 26 Fuß 6 Zoll sh. 6/4½ per Fuß . . . .   £ 8. 8. 11
ausgehend, Tiefgang 26 Fuß 6 Zoll sh. 5/3 per Fuß . . . . . .   „ 6. 19. 1
Feuergelder:
         2¾ d. per Nettoregistertons abz. 30% Rabatt . . . .   „ 53. 18. —
         Minicoy Islands ¹⁄₁₆ d. per N.R.T. }   ¼ d. . . . .   „ 6. 18. 1
         Basses Rocks ³⁄₁₆ d. per N.R.T.
Hafenabgaben per N.R.T. 1 d. . . . .   „ 28. —. —
Feuer- und Bakengeld . . . .   „ —. 10. —
Dockabgaben per N.R.T. 1 d. . . . .   „ 28. —. —

Einkommend.

Lotsengeld:
einkommend, Tiefgang 22 Fuß 8 Zoll sh. 6/4½ per Fuß . . . . .   „ 7. 6. 7
ausgehend, Tiefgang 22 Fuß 8 Zoll sh. 5/3 per Fuß . . . . . .   „ 6. —. 9
Feuergeld:
         2¾ d. per N.R.T. . . . .   „ 53. 18. —
Hafenabgaben per N.R.T. 1 d. . . . .   „ 28. —. —
Feuer- und Bakengeld . . . .   „ —. 10. —
Dockabgaben per N.R.T. 1 d. . . . .   „ 28. —. —

Gibraltar.   ausgehend   einkommend
Lotsengeld: £ 1. —. —   wie ausgehend.
Hafengeld: „ 4. —. —

Algier.   Ausgehend und einkommend gleiche Kosten.
Quaigebühren und Sanitätsgebühren
    richten sich nach der Anzahl der Passagiere.

— 41 —

Gelandete Passagiere von europäischen Häfen Fr. 0,50, alle anderen
   1 Fr. per Kopf.
Lotsengeld:
      Passagierdampfer und nur kohlende Dampfer per N.R.T.
                                    Fr. 0,02 =   Fr. 134,40
Fest- und Losmachen . . . .   „ 15,00

Genua.   Ausgehend.
Hafengeld wird im Jahresabonnement für ganz Italien bezahlt.
     6720,90 N.R.T. à Lire 4,35 = Lire 29 236,95
     Für diesen Dampfer kommen 2 Rundreisen in Frage,
     mithin $^1/_2$ des Betrages   Lire 14618,47
Extrahafengeld 5 Cents per N.R.T. . . . .   „ 336,05
Lotsengeld, einkommend Lire 160,00 . . . .
            ausgehend   „   80,00 . . . .   „ 240,00
Dolmetscher bei der Quarantänestation für Erteilung der
     Praktika . . . .   „ 10,00

Genua.   Einkommend.
Hafengeld frei, da auf der Ausreise im Abonnement bezahlt.
Extrahafengeld, wie ausgehend.
Lotsengeld,   „   „
Dolmetscher,   „   „

Neapel.   Ausgehend und einkommend gleiche Kosten.
Hafengeld frei, da in Genua im Abonnement bezahlt.
Lotsengeld . . . .   Lire 240,00
     für Abfahrt während der Nacht. . . . .   „ 5,00
Dolmetscher bei der Quarantänestation für Erteilung der
     Praktika . . . .   „ 5,00

Port Said.   Ausgehend und einkommend gleiche Kosten.
Leuchtfeuergebühren 6787 Türk. Tons, bis zu 800 Tons per Türk.
     Tonne Mill. 10 für den Rest per Tonne Mill. 0,5, minus
     5% Ermäßigung . . . .   P. 3563,6
Kanalgebühren per Nettotonne des Suez-Kanal-Meßbriefes
     Fr. 7,25 = Fr. 55361,00 . . . .   P. 213693,5
Praktika des Gesundheitsamts ausg. P. 207,00, eink. P. 107.

Suez.
ausgehend, keine Kosten
einkommend, Quarantänekosten . . . .   P. 215,00

Aden.   Ausgehend und einkommend gleiche Kosten.
Hafengeld per N.R.T. 1 as . . . .   Rs. 414,5

Colombo.	ausgehend		einkommend	
Tonnengeld		Rs. 450,00	Tonnengeld	Rs. 450,00
Lotsengeld		„ 120,00	Lotsengeld	„ 120,00
Tonnengeld auf gelöschte und geladene Tonnen, 393 Tons à Rs. 0,25		98,25	(Keine Güter gelöscht und geladen.)	

Penang.   Ausgehend.
Straits Light dues $12\frac{1}{2}$ Cents for every seven tons . . . . . . $ 120,04
Lotsengeld bei Tage . . . .   „ 60,00
     „ Nacht 5,00 extra.
                     Einkommend.
Lotsengeld bei Tage . . . .   „ 60,00
     wenn Dampfer an Pier legen 10,00 extra.

Singapore.   Ausgehend.
Lotsengeld inward 26 Fuß à 1,85 . . . .   „ 46,10
           outward 26 Fuß à 1,20 . . . .   „ 31,20
                     Einkommend.
Straits-Feuergelder $12\frac{1}{2}$ Cents for every seven tons . . . . .   „ 91,68
Basses-Feuergelder d. $3/_{16}$ per tons . . . .
Minicoy-Feuergelder d. $1/_{16}$ per tons . . . .   „ 45,84
Lotsengeld inward 24 Fuß à 1,20 . . . .   „ 28,80
           outward 25 Fuß à 1,85 . . . .   „ 46,25

Hongkong.   Ausgehend.
Light dues $ 0,02 per Nettoregistertons . . . .   „ 132,58
Lotsengeld, Verholen 5,00 extra . . . .   „ 30,00
einkommend gleiche Kosten.

Shanghai.   Ausgehend.
Lotsengeld 23 Fuß à Tls. 4,00 . . . .   Tls. 92,00
           Tonnengeld 5221 Tonnen à ¾ Cents . . . .   „ 39,16
           24 Fuß à Tls. 4,00 . . . .   „ 96,00
           Tonnengeld 5221 Tonnen ¾ Cents . . . .   „ 39,16
           Die Tonnengebühren werden nur auf jede Registertons
           netto über 1500 Registertons netto erhoben.
Lotsengeld einkommend do. gleiche Kosten.
Tonnengelder, zahlbar an die Zollbehörde
      6721 tons à 4 mace per tons = H. Tls. 2688,40 à 1114   Sh. Tls. 2994,88

Tsingtau.
Hafengeld   6721 tons à $6\frac{1}{2}$ Cents . . . . $ 436,95
Lotsengeld   21 Fuß bis zu 12 Fuß $ 25 . . . .   „ 52,00
               jeder weitere Fuß $ 3.
Molengebühr   für je 1 engl. Fuß (0,3 m) = 159,56 m = 532 Fuß
                à 0,50 Cents . . . .   „ 260,00

Nagasaki. Einkommend und ausgehend gleiche Kosten.
Tonnengelder à 5 sen per Tonne N.R.T. . . . . Yen 336,45
Lotsengeld bei 22 Fuß Tiefgang
Grundtaxe per 1000 Tons BruttoRrg.-T.
und 12 Fuß Tiefgang . . . . Yen 20,00
Für jede weitere 1000 Tons Bruttoregister
extra 60 sen . . . . „ 6,00
Für jeden Fuß über 12 Fuß Tiefgang
hinaus 60 sen . . . . „ 6,00 „ 32,00
Kobe.
Tonnengeld à 15 sen per N.R.T. . . . . „ 1008,15
Lotsengeld von oder nach Nagasaki . . . . „ 250,00
nach oder von Rokuren . . . . „ 160,00
Bojenmiete . . . . „ 10,00
Yokohama.
Tonnengelder à 5 sen per N.R.T. . . . . „ 336,45
Lotsengeld, einkommend Yen 32,60
Festmachen „ 2,00 . . . . „ 34,60
ausgehend dasselbe . . . . „ 34,60
Bojenmiete . . . . „ 7,00
Quaigeld für 144 Stunden
„ die ersten 24 Stunden = 2 sen per N.R.T. . . . . ⎫
„ die zweiten 24 Stunden = 8 rin per N.R.T. . . . . . ⎬ „ 416,70
„ jede weiteren 6 Stunden = 2 rin per N.R.T. . . . . ⎭

5. Dampfer von
72435,8 Bruttokubikmeter, 25569 Brit. Bruttoregistertons
43565,8 Nettokubikmeter, 15378,74 Brit. Nettoregistertons
auf der Fahrt von Bremerhaven nach New York und zurück.

Bremerhaven. Ausgehend (nach New York).
Lotsengeld: Tiefgang 9,5 m; M. 16,70 p. m . . . . M. 158,65
Hafengeld: 43566 Nettokubikmeter M. 0,30 per Nettokubikmeter „ 13069,80
Hafenlotsengeld: für Aus- und Einbringen . . . . „ 60,00
für Verholen . . . . „ 12,00
Bootshilfe . . . . „ 50,00
Unratgebühr . . . . „ 60,00
Schleusengeld: Dampfer über 6800 Nettokubikmeter, welche ein
Hafengeld von M. 30,00 per Nettokubikmeter be-
zahlen, sind von dieser Gebühr befreit.
Einkommend (von New York).
Lotsengeld: Tiefgang 8,6 m M. 23,50 per Meter . . . . „ 202,10
Feuer- und Bakengeld: Das Feuer- und Bakengeld beträgt von dem
über 200 kbm hinausgehenden Nettoraumgehalt eines
Dampfers M. 0,14 per Nettokubikmeter.
43366 Nettokubikmeter M. 0,14 per Nettokubikmeter „ 6071,24

Southampton. (Im Fluß geankert.)

Lotsengeld: Einkommend:
Tiefgang 30 Fuß 1 Zoll sh. 6/4½ per Fuß . . . . £ 9. 11. 3
ausgehend:
Tiefgang 30 Fuß 1 Zoll sh. 5/3 per Fuß . . . . . . „ 7. 17. 6
Feuergeld: 15379 N.R.T. 2¾ d. p. N.R.T. abzügl. 30% Rab. . . . „ 123. 6. 11
Stadtabgaben: 15397 N.R.T. ½ d. p. N.R.T. . . . . „ 32. —. 10
Bakengeld: . . . . „ —. 5. —
Dockabgaben: Im Fluß geankert, daher nicht berechnet.

Cherbourg. . Ausgehend nach New York.

Lotsengeld: 15379 N.R.T. Fr. 0,15 per N.R.T. . . . . Fr. 2306,85
Sanitätsabgaben: 24 Passagiere von Bremen
103 Passagiere nach New York
127 Passagiere à Fr. 0,50 . . . . „ 63,50
Hafenabgaben: Dieselben Fr. 63,50 . . . .
dazu für Passeport „ 2,20 . . . . „ 65,70
Quaiabgaben: 24 Passagiere von Bremen à Fr. 0,50 Fr. 12,00
103 Passagiere nach New York à Fr. 1,00 Fr. 103,00 „ 115,00
Landungshallen: Dieselben . . . . „ 115,00

Einkommend von New York.

Lotsengeld: 15379 N.R.T. Fr. 17½ per N.R.T. . . . . „ 2691,30
Sanitätsabgaben 210 Passagiere von New York
15 Passagiere nach Bremen
225 Passagiere à Frcs. 1,00 . . . . „ 225,00
Hafenabgaben: Dieselben . . . . Fr. 225,00
dazu für Passeport . . . . „ 2,20 . „ 227,20
Quaiabgaben: 197 Kajütspassagiere von New York
à Fr. 1,00 . . . . Fr. 197,00
13 Zwischendecker von New York à Fr. 0,50 „ 6,50
15 Passagiere nach Bremen à Frcs. 0,50 . „ 7,50 „ 211,00
Landungshallen: Dieselben . . . . „ 211,00

New York.

Lotsengeld: Einkommend:
Tiefgang 28½ Fuß 4,88 per Fuß. . . . . $ 139,08
ausgehend:
Tiefgang 31½ Fuß 3,56 per Fuß. . . . . „ 112,14
Tonnageabgabe: 15379 N.R.T. à 0,06 . . . . „ 922,74
(Von der sechsten, innerhalb eines Jahres ausgeführten Reise an sind die Dampfer von dieser Abgabe befreit).

Kopfsteuer:	Für jeden Passagier, der nicht Bürger der Vereinigten Staaten von Amerika ist, wird eine Kopfsteuer von $ 4,00 per Kopf erhoben, z. B.		
	1663 Passagiere à $ 4,00	„	6652,00
Quarantäne:	Desinfektion.	„	10,00
	Untersuchung von 1377 Zwischendeckern für je 100 Zwischendecker $ 2,00	„	28,00

Plymouth.   Einkommend von New York.
Lotsengeld: einkommend:

	Tiefgang 28 Fuß sh. 3/— per Fuß	£	4. 4. —
	ausgehend:		
	Tiefgang 28 Fuß sh. 3/— per Fuß	„	4. 4. —
Feuergeld:	Wie in Southampton.		
	15379 N.R.T. 2¾ d p. N.R.T. abzügl. 30% Rabatt. . .	„	123. 6. 11
	Nach der sechsten Reise (Southampton mit eingerechnet) sind die Schiffe von dieser Gebühr befreit.		

6. Dampfer von

2569 Nettoregistertons und ca. 5100 Tons Ladefähigkeit
auf der Fahrt von Hamburg nach Calcutta und zurück.

in Hamburg	Lotsgeld, ein- und ausgehend	M.	500,00
	Tonnengeld	„	903,96
in Shields (zum Bunkern):	Tonnage dues	£	27. 14. —
	Dock dues	„	44. 6. 4
		£	72. 0. 4
	./. rebate	„	30. 0. 1
		£	36. 0. 3
	Pilotage in- and outward	„	6. 14. —
in Baltimore:	Tonnage dues	$	159,74
	Pilotage in- and outward	„	227,50
Suez-Kanal-Abgaben (beladen):	Kanalgebühren	Fr.	22 351,00
	Leuchtfeuer	„	453,20
	Lotsen	„	62,50
	Scheinwerfermiete.	„	200,00
in Calcutta:	Pilotage in- and outward	Rup.	1180. —. —
	Port dues	Rup.	664. 12. —
	Customs light dues	Rup.	318. 8. 5
	Hospital dues	Rup.	83. 2. —
Suez-Kanal (in Ballast):	Kanalgebühren	Fr.	15 172,00
	Leuchtfeuer	„	453,20
	Lotsgeld	„	62,50
	Scheinwerfermiete.	„	200,00
in Kustendje:	Quai dues	Lei	531,80
	Sanitary dues	„	302,30

in Barrow (England): Harbour and Dock dues . . . . £ 132. 19. —
light dues . . . . „ 16. 12. 4
Pilotage in- and outward . . . . „ 20. 6. 10
anchorage . . . . „ 26. 13. 6

7. Dampfer von:

Bruttoregistertons: 3576;
Nettoregistertons: 2298;
Netto Belgische Registertons: 2816;
Tragfähigkeit: 5725 t.
Tiefgang in voll beladenem Zustande: 22' 11½" engl.
auf der Fahrt von
Hamburg nach Antwerpen, Malta, Piraeus, Syra, Saloniki, Dedeagatch, Konstantinopel, Samsun, Trapezunt, Marinpol, Taganrog, Berdiansk, Marinpol, Novorossisk, Konstantinopel, Hamburg.

Nachstehend sind nur die reinen Hafenkosten, nicht die außerdem durch Löschen und Laden entstehenden Abgaben aufgeführt.

Abgangshafen:
Hamburg.
Gesundheitspaß . . . . M. 4,00
Losmachen . . . . „ 5,00
Schlepperhilfe . . . . „ 23,00
Lotsgeld ausgehend . . . . „ 80,00
Raucheratteste . . . . „ 10,50
 „ 122,55   M. 122,50

Antwerpen.
Lotsgeld einkommend . . . . Fr. 300,34
Schlepphilfe in See und in den Bassins . . . . . . „ 281,20
Passieren der Brücken: 2 × 25 Fr. . . . . „ 50,00
Hafenlotse . . . . „ 35,00
Strompolizei . . . . „ 31,97
Bassinabgaben als regelmäßige Linie: 2816 tons × 30 ctms „ 844,80
Gesundheitspaß und Konsulatsgebühren . . . . . . „ 100,85
Hafenreglement . . . . „ 1,00
Schuppenmiete pro Dampfer verteilt . . . . „ 763,95
Lotsgeld ausgehend . . . . „ 495,76
 = Fr. 2904,87   = M. 2323,90

Malta.
Lotsgeld . . . . £ 1. 17. 6
Schiffsmeldung (Towerreport) . . . . „ 0. 1. 3
Hafenabgaben . . . . „ 3. 0. 0
Konsulatsgebühren, griechische . . . . „ 0. 10. 0
 = £ 5. 8. 9   = M. 110,92

Summe: M. 2557,32

— 47 —

Transport: M. 2557,32

Piraeus.

Lotsgeld gemäß Abkommen	£ 1. 5. 0	
Visa des Gesundheitspasses	„ 0. 6. 0	
Arztgebühren	„ 0. 10. 0	
Sanitätsgebühren	„ 0. 8. 0	
Leuchtfeuergebühren: 2298 × 0,35 dr = 804,30 (der Dampfer löschte weniger als $^1/_5$ der Tonnage) .	„ 32. 3. 5	
	= £ 34. 12. 5	= M. 706,29

Syra.

Lotsgeld	£ 0. 12. 6	
Visa des Gesundheitspasses	„ 0. 3. 0	
Arztgebühren	„ 0. 10. 0	
	= £ 1. 5. 6	= „ 26,01

Saloniki.

(Vorbemerkung: Die Sanitätsgebühren für die türkischen Häfen werden von der Reederei gemäß Abkommen stets in Konstantinopel bezahlt.)

Fest- und Losmachen	£ 1. 10. 0	
Ein- und Ausklarieren	„ 0. 18. 0	
Hafenabgaben: 2298 × $^1/_{10}$ Ps. (Gold)	„ 2. 1. 10	
Leuchtfeuergebühren (800 × 20 + 1498 × 10 — 20%) Pa	„ 5. 5. 3	
Von 2298 Registertons: 800 t à 20 Pa		
Von 2298 Registertons: 1498 t à 10 Pa		
	£ 9. 15. 1	= M. 198,98

Dedeagatch.

Leuchtfeuergebühren: (800 × 24 + 1498 × 12 — 20%) Pa =	£ 6, 6, 6	= „ 129,03

Konstantinopel.

Sanitätsgebühren (500 × 20 + 50 × 12 + 1298 × 8) Pa = 660 Ps.	£ 5. 11. 5	
Leuchtfeuergebühren (800 × 70 + 1498 × 35 — 20%) Pa = 2169 Ps.	„ 18. 8. 7	
Bojenabgaben: 158 Ps.	„ 1. 6. 10	
Firman: 31½ Ps.	„ 0. 5. 4	
Lotsgeld gemäß Abkommen	„ 1. 0. 0	
	£ 26. 12. 2	= „ 542,81
Deutsche Konsulatsgebühren: 2298 × 1 Pf. = 22,98 M.		= „ 22,98

Samsun.

Leuchtfeuergebühren: (800 × 20 + 1498 × 10 — 20%) Pa = 619,6 Ps.	„ 5. 5. 3	= „ 107,35
	Summe:	M. 4290,77

Transport: M. 4290,77

Trapezunt.

Leuchtfeuergebühren wie Samsun . . . . „ 5. 5. 3 = „ 107,35

Straße von Hertsch.

Lotsenabgabe für das Passieren hin und zurück:
$^{2298}/_2 \times 2 \times 7$ Rb'. = 160,86 Rbl. . . . . = „ 347,46

Marinpol.

Hafenabgaben im ersten russischen Hafen: 2298 à 21 cop.
= Rbl. 482,58

nämlich 1. Tonnagegebühren 2298 Tons Reg. à 20 cop.
2. Sanitätsgebühren 2298 Tons Reg. à 1 cop.
Lotsengebühr für 5725 t Tragfähigkeit nach Tarif „ 80,00

Rbl. 562,58 = „ 1215,17

Taganrog.

Stempeln der Papiere . . . . Rbl. 12,20
Versiegeln des Proviants . . . . „ 4,70
Erlaubnis zum Entfernen der Siegel vom Proviant . . „ 4,80
Kirchenabgabe . . . . „ 3,00

= Rbl. 24,70 = „ 53,35

Berdiansk.

Lotsgeld einkommend und ausgehend . . . . Rbl. 46,47
Fest- und Losmachen . . . . „ 20,00
Versiegeln des Proviants . . . . „ 7,80
Aufsicht im Hafen . . . . „ 5,00
Kirchen-Schulabgaben à 3 Rbl. . . . . „ 6,00
Börsenabgabe . . . . „ 7,00

= Rbl. 92,27 = „ 199,30

Marinpol.

Hafenabgaben . . . . Rbl. 4,80
Wachgebühren und Stempel . . . . „ 8,75
Deutsche Konsulatsgebühren . . . . „ 22,98
Lotsgeld . . . . „ 80,00

Rbl. 93,55 = „ 202,07

Novorossisk.

Lotsgeld . . . . Rbl. 2,00
Gesundheitspaß . . . . „ 6,00
Stempelgebühren . . . . „ 19,40

Rbl. 27,40 = „ 59,18

Konsulatsgebühren . . . . = „ 22,98

Summe: M. 6520,61

Transport: M. 6520,61

Konstantinopel.

Sanitätsabgaben	=	660 Ps	= £	5. 11. 5
Leuchtfeuerabgaben	=	2169 Ps	= „	18. 8. 7
Rettungsabgaben	=	465 Ps	= „	3. 19. 11
(auf der Rückreise bezahlt)				
Firman	=	25 Ps	= „	0. 4. 4
Landung des Firman bei Tage (bei Nacht £ 1) . .	=		„	0. 10. 0
Lotsgeld durch den Bosporus	=		„	1. 0. 0
			= £	29. 14. 3 = M. 606,12

Hamburg.

Lotsgeld einkommend	M.	239,00
Gesundheitspaß und Untersuchungsgebühr	„	30,00
Hafenmeistergebühren	„	30,00
Schlepperhilfe	„	40,00
Festmachen	„	5,00
Tonnengeld: 6511 × 12 Pf.	„	781,32
Ausklarieren	„	50,00
Quairaumgebühr: 6511 × 17,5 Pf.	„	1139,32
	M.	2314,74 = M. 2314,74
	Gesamtkosten:	= M. 9441,47

8. Dampfer von

Bruttokubikmeter = 18655. Nettokubikmeter = 12062. Suezkanal: 14809 cbm
Bruttoregistertons = 6585. Nettoregistertons = 4258. Suezkanal: 5228 Reg.-t.
auf der Fahrt von Hamburg nach China und zurück.

Ausreise.
Hamburg.

Hafenmeister			M.	25,00	
Lotsen			„	448,65	
Gesundheitspaß			„	4,00	M. 477,65

Rotterdam.

Lotsen	Gld.	826,01	M.	1400,92	
Tonnengeld	„	699,51	„	1186,54	
Werft	„	198,27	„	336,25	
Gesundheitspaß	„	7,45	„	12,64	„ 2936,35

Antwerpen.

Lotsen	Fr.	673,33	„	544,87	
Hafenpolizei	„	44,97	„	36,39	
Tonnengeld	„	1534,20	„	1241,50	
Deutscher Konsul	„	88,75	„	71,82	
Gesundheitspaß	„	5,00	„	4,05	
					„ 1898,63
			Summe:	M.	5312,63

                                          Transport: M. 5 312,63
                            Port Said.
Lotsen . . . .   Fr.   75,00   M.   61,33
Leuchtfeuer . . . .   „   667,16   „   545,60
Gesundheitsbehörde . . . . . .   „   63,60   „   52,02
Zollklarierung . . . . „   3,95   „   3,24
Festmachen . . . .   „   57,00   „   46,62
Miete für die Scheinwerfer . . . „   202,20   „   165,36
Kanalgebühren . . . .   „   37900,17   „   30699,14   M. 31 573,31

                            Penang.
Lotsen . . . . $ 65,00   „   157,46
Leuchtfeuer . . . .   „   114,06   „   276,31   „   433,77

                           Singapore.
Lotsen . . . . $ 104,25   „   252,55

                           Hongkong.
Lotsen . . . . $ 40,00   M.   74,00
Leuchtfeuer . . . .   „   85,16   „   157,55
Werft . . . .   „   60,00   „   111,00
Deutscher Konsul . . . . . .   „   147,63   „   273,12
Gesundheitspaß . . . .   „   9,50   „   17,57   „   633,24

                           Shanghai.
Lotsen . . . .   Tls. 306,43   „   750,75
Tonnengeld . . . .   „   1897,36   „   4648,53
Werft . . . .   „   212,60   „   520,87
Deutscher Konsul . . . . . .   „   58,09   „   142,32   „   6 062,47

                           Yokohama.
Lotsen . . . .   Y.   53,20   „   111,72
Tonnengelder . . . .   „   212,90   „   447,09
Bojengelder . . . .   „   14,00   „   29,40
Gesundheitspaß . . . .   „   12,85   „   26,98   „   615,19

                             Kobe.
Lotsen . . . .   Y.   328,25   „   689,32
Tonnengeld . . . .   „   212,90   „   447,09
Bojengeld . . . .   „   56,00   „   117,60
Gesundheitspaß . . . .   „   7,85   „   16,48   „   1 270,49

                             Moje.
Tonnengeld . . . .   Y.   212,90   „   447,09
                                                 Summe: M.   46 600,74

			Transport:	M.	46 600,74
	Heimreise.				
	Shanghai.				
Lotsen	Tls.	274,92	„ 673,35		
Bojengeld	„	30,00	„ 73,50		
Deutscher Konsul	„	56,80	„ 139,16		
Gesundheitspaß	„	7,60	„ 18,62	M.	904,83
	Hongkong.				
Lotsen	$	30,00	„ 55,50		
Leuchtfeuer	„	85,16	„ 157,55		
Gesundheitspaß	„	16,00	„ 29,60	„	242,65
	Singapore.				
Leuchtfeuer	$	114,06	„ 276,85		
Deutscher Konsul	„	36,10	„ 87,77		
Gesundheitspaß	„	13,00	„ 31,57	„	396,19
	Colombo.				
Lotsen	Rp.	80,00	„ 110,26		
Hafengeld	„	255,00	„ 351,45		
Quarantäne	„	21,00	„ 28,94		
Gesundheitspaß	„	23,83	„ 32,84	„	523,49
	Port Said.				
Lotsen	Fr.	50,00	„ 40,86		
Leuchtfeuer	„	667,16	„ 545,20		
Gesundheitsbehörde	„	179,55	„ 146,73		
Zollklarierung	„	3,95	„ 3,23		
Festmachen	„	57,00	„ 46,58		
Miete für Scheinwerfer	„	202,20	„ 165,23		
Kanalgebühren	„	37 900,17	„ 30 699,14	„	31 646,97
	Havre.				
Lotsen	Fr.	1 731,03	„ 1 399,53		
Hafengeld	„	2 829,49	„ 2 287,65		
Gesundheitsbehörde	„	638,70	„ 516,40		
Werft	„	404,85	„ 327,33	„	4 530,91
	Bremen.				
Lotsen			„ 325,85		
Hafengeld			„ 3 618,60		
Leuchtfeuer			„ 1 660,70		
Quarantäne			„ 75,00		
Festmachen			„ 50,00		
Nautische Sachverständige			„ 17,30		
Gebühr für Abholen des Unrats			„ 60,00	„	5 807,45
			Summe:	M.	90 653,23

Transport: M. 90 653,23

Hamburg.

Hafenmeister	„ 25,00	
Lotsen	„ 257,60	
Tonnengeld	„ 1447,44	
Nautische Sachverständige	„ 40,00	„ 1 770,04

Summe: M. 92 423,27

II.
Die Schiffsvermessung.

A. Ihr Zweck.

a) Allgemeiner Wertfaktor für das Schiff.

Für die Beurteilung des Wertes eines Schiffes kommt es selten auf den eigentlichen Bauwert an, auf das, was Arbeit und Material an ihm gekostet haben oder augenblicklich noch wert sind, sondern auf seinen wirtschaftlichen Wert, auf seine Rentabilität. Zwischen gleich dimensionierten Schiffen ergibt sich ein ähnlicher Wertunterschied wie zwischen gleich großen Häusern, von denen das eine mitten in der Geschäftsgegend einer Weltstadt, das andere einsam auf dem Lande steht. Das erstere ist dem letzteren wirtschaftlich vielleicht um das zehnfache überlegen, und ähnlich kann es um die beiden gleich großen Schiffe bestellt sein. Das eine wirft dank seiner vorteilhaften Einrichtung und einer günstigen Betriebsökonomie große Überschüsse ab, ein anderes ist dagegen in Ermanglung solcher Vorzüge direkt unrentabel.

Sorgsam angelegte Rechnungsbilanzen der Reedereien können wohl ein anschauliches Bild über die Betriebsergebnisse eines Schiffes liefern, aber amtliche Ausweise, aus denen sich sichere Schlüsse ziehen lassen, existieren darüber nicht.

Sind Hypotheken auf ein Schiff eingetragen, so lassen ihre Höhe, ihre Stabilität und ihre Verzinsung einen Rückschluß auf die mögliche Rentabilität des Schiffes zu, und schließlich könnte man auch die Höhe der Versicherung zu demselben Zwecke zurate ziehen. Auch das Schiffsregister, welches vom Amtsgericht geführt wird und ganz allgemeine Ausweise über Besatzung und Ladung, über Gattung, Erbauung, Größen- und Eigentumsverhältnisse sowie über das Pfandrecht am

Schiffe enthält, stellt in dem darüber ausgefertigten Zertifikat diese Daten zusammen und gibt der Wertbeurteilung eines Schiffes eine Handhabe. Die Baubeschaffenheit des Schiffes drückt sich ferner in dem Klassenzertifikat aus, das jedes unter Aufsicht oder nach Regeln einer Klassifikationsgesellschaft (Germanischer Lloyd, Englischer Lloyd, Bureau Veritas usw.) erbaute Schiff besitzt. In ihm wird der augenblickliche Bauzustand des Fahrzeuges durch Vermerke eines Beauftragten (Experten) jener Klassifikationsgesellschaft angegeben. Besichtigungen zu diesem Zwecke finden in regelmäßigen Perioden statt. Auf Grund eines solchen Klassenzertifikates läßt sich die Seefähigkeit des Schiffes beurteilen und nach ihm wird die Versicherung abgeschlossen. Schließlich könnte ein Schiff noch eine sogenannte Chartepartie besitzen, das ist eine Urkunde über einen Mietskontrakt. Auch aus der Höhe der dabei gezahlten Summen wird man einen Anhalt über die Rentabilität des Schiffes gewinnen.

Alle diese Ausweise enthalten aber nur wenig über die eigentlichen Raumverhältnisse und Einrichtungen im Schiff. Ein darin etwa eingetragener Raumgehalt ist dem Schiffsmeßbrief entnommen, denn dieser gibt allein Einzeldaten über die Räume unter Deck und die Aufbauten, sowie über die den Maschinen und der Mannschaft angerechneten Abzüge. Darum vermag er auch das durch die andern Urkunden gegebene Bild des Wertes und der Rentabilität des Schiffes in mancher Beziehung zu ergänzen.

Wie weit die Ergebnisse der Vermessung an und für sich für solch eine Beurteilung maßgebend sein können, darüber wird das nächste Kapitel die erforderlichen Auskünfte geben. In Ermanglung anderer ausreichender Dokumente mit genügenden Zahlenwerten über die räumlichen Verhältnisse im Schiffe ist der Schiffsmeßbrief seit langer Zeit zu einem begehrten amtlichen Ausweise geworden, der immer zur Hand ist. Und wenn man die Maschinenleistung, die Geschwindigkeit und die Betriebsökonomie des Schiffes entsprechend mit zu Rate zieht, kann die Beurteilung des Wertes eines Schiffes auf dieser Grundlage bei sachlichen Vergleichen unter Umständen auch zutreffend sein. In diesem Sinne gilt der Meßbrief als Unterlage zur Preisbestimmung beim Kaufe, für die Charter, für amtliche Eintragungen und Wertobjektbestimmungen des Gerichtes. Gleicher Weise werden nach dem im Meßbriefe verzeichneten Raummaßen die Kosten für die Klassifikationen, Besichtigungen und schließlich für die Vermessung selber festgesetzt.

b) **Die Schiffsvermessung als Grundlage für die Bemessung der Hafenabgaben.**

Während die Daten des Meßbriefes als allgemeiner Anhalt für die Wertbestimmung eines Schiffes nach dem Vorhergehenden wohl nur in Ermanglung geeigneter anderer Hilfsmittel in Frage kommen können, erfüllen sie ihre Hauptaufgabe als Grundmaß, nach welchem die Höhe der Hafenabgaben bemessen werden soll. Diesem Zwecke haben schon die ältesten Vorschriften zu entsprechen gesucht; ja, die ältesten Vermessungen sind nur gemacht worden, um eine Handhabe für die Besteuerung der Schiffe im Hafen zu bieten, als Äquivalent für die von Behörden, Gemeinden und Privatgesellschaften gemachten Aufwendungen. Während mit dem sich steigernden Verkehre wirtschaftliche Rücksichten die Formen der Schiffsvermessung beeinflußten, paßten die letzteren sich ursprünglich demjenigen Güterverkehr an, der für die betreffenden Länder zunächst in Frage kam, und es wurde das Hauptseeverkehrsprodukt das Grundmaß, nach welchem der Ertrag des Schiffes und danach die Besteuerungshöhe beurteilt wurden. Die Schiffbautechnik war damals noch nicht imstande, die Tragfähigkeit eines Schiffes rechnerisch genau zu ermitteln, daher versuchte man die Anzahl der für den Verkehr hauptsächlich in Frage kommenden Einheitsprodukte, die das Schiff fassen konnte, praktisch festzustellen. So lassen sich in England bis zum 15. Jahrhundert zurück die Versuche verfolgen, die Tragfähigkeit eines Schiffes nach der Anzahl bestimmter Waren, z. B. der Fässer Wein zu bestimmen, welche damals vornehmlich aus Spanien eingeführt wurden.[1]) Oder es wurde das Gewicht der einnehmbaren Kohlen bestimmt. Hierüber erließ König Heinrich V. 1422 ein Gesetz, auf Grund dessen alle Schiffe, welche Kohlen nach Newcastle brachten, vermessen werden mußten. Immer sollte aber das deadweight, die Tragfähigkeit, bestimmt werden, und bemerkenswert ist, daß die Tiefladelinie dabei durch Einschlagen von Nägeln in Steven und mitschiffs festgestellt wurde, d. h. es gingen **Vermessung und Freibord damals Hand in Hand.** Diese Art der Tragfähigkeitsbestimmung läßt allerdings die Frage noch offen, ob die ursprüngliche Faßeinheit der Vermessung, die man als Tonne (ton) bezeichnete, ein Raum- oder ein Gewichtsmaß war, zumal auch Sackladung nach der Anzahl und nicht nach dem Gewichte der einzelnen Säcke bestimmt wurde. Die Versuche, die Fässer und Säcke nach ihrem Durchschnitts-

---

[1]) Minutes of Evidence, Royal Commission of Tonnage, London 1881.

gewichte als Gewicht zu deuten, wozu namentlich das damalige Normalmaß gebräuchlicher Weinfässer eine bequeme Handhabe bot, scheint dann allmählich an der wechselnden Größe der benutzten Transportgefäße gescheitert zu sein.[1]) Auch das Gesetz vom Jahre 1423, welches bestimmte, daß kein Faß Wein nach England überführt werden dürfe, welches weniger als 252 Gallonen = 0,96 cbm halte, konnte dauernd richtige Ergebnisse kaum liefern, da mit dieser Bestimmung wohl der Verkleinerung, nicht aber der Vergrößerung der Einheitsmaße Einhalt geboten und somit ein wirklicher Vergleichsfaktor nicht geschaffen wurde. Vermehrt wurde die Unsicherheit in der Größenbestimmung bei den Schiffen damaliger Zeit noch dadurch, daß nicht nur Wein, sondern in der Folge auch immer mehr andere Produkte befördert wurden, welche weder in dem von ihnen eingenommenen Raummasse, noch in ihrem Gewichte mit der als Grundmaß dienenden Tonne Wein verglichen werden konnten. Die aus allen Maßnahmen damaliger Zeit deutlich hervorgehende Absicht, die **Ladefähigkeit** und nicht den **Laderaum** der Besteuerung zugrunde zu legen, mußte daher an der Unvollkommenheit derzeitiger Berechnungsverfahren scheitern. Die andere Absicht, auf Grund des durch die Vermessung festzustellenden Größenmaßes des Schiffes einen Abgabentarif aufzustellen, der das Schiff nach seiner Leistungsfähigkeit für die im Hafen gewährten Vorteile besteuerte, ist aber überall zu erkennen. Und so tritt der Hauptzweck der Schiffsvermessung, ein Grundmaß für die Abgabenbemessung im Hafen zu geben, schon in den ersten Formen der Schiffsvermessung deutlich hervor und läßt sich auch in allen späteren Änderungen, die in bestimmterer Form auftreten, verfolgen. Diesen Hauptzweck versieht die Schiffsvermessung noch heute.

B. Die Formen der Schiffsvermessung.

a) Die früheren Schiffsvermessungsvorschriften.

1. Die Monsonsche Regel.

Das im vorigen Kapitel angedeutete Verfahren, nach der Anzahl der Fässer Wein, welche geladen werden konnten, die Ladefähigkeit

---

[1]) Vgl. Nautical Magazine 1889.

zu bestimmen, mußte naturgemäß mit der zunehmenden Ausdehnung des Verkehrs über den Ozean und der damit bedingten größeren Reichhaltigkeit und Abwechslung in der Art der verschifften Güter zu ungerechter Bewertung der Ertragsmöglichkeit führen. Gemildert wurde diese Unbilligkeit zwar dadurch, daß man zu Schätzungen der Ladefähigkeit der Schiffe überging. Diese hatten aber infolge der damals noch sehr wenig vorgeschrittenen wissenschaftlichen Handhaben hierzu nur einen recht fraglichen Wert und entbehrten vor allem einer systematischen Regelung und Sanktionierung durch das Gesetz.

Die erste gesetzliche Bestimmung in England über die Vermessung von Schiffen nach deren Abmessungen stammt aus dem Jahre 1694. Sie fußt auf einem bereits 1633 von Monson gemachten Vorschlage, die Längen-, Breiten- und Tiefenmaße eines Schiffes zu messen und daraus nach Maßgabe damaliger Bau- und Raumverteilungsverhältnisse einen Rückschluß auf die Ladefähigkeit des Schiffes zu machen. Da man nicht die Möglichkeit hatte, sich durch rechnerische Stabilitätsermittlungen über den Einfluß von Formveränderungen auf die Seeeigenschaften der Fahrzeuge genügend Klarheit zu verschaffen, so hielt man ziemlich zähe an bewährten älteren Formen fest und baute fast immer nach derselben Schablone. Es konnte also ein Verfahren, welches nach der Monsonschen Regel aus dem Produkt der nach bestimmten Vorschriften gemessenen Länge, Breite und Raumtiefe den Rauminhalt bestimmte, wohl einen Rückschluß auf die wirkliche Ladefähigkeit gestatten, da ja der ganze Rauminhalt des Schiffes zu dem durch diese Abmessungen gekennzeichneten Parallelopipedon in einem fast immer gleich bleibenden Verhältnisse stand. Auch kamen maschinelle Antriebskräfte damals noch nicht in Frage und relativ gleichbleibende Abzüge für Logis, Provianträume und Segelkojen ließen einen bestimmten Anteil am Gesamtraum für den Laderaum übrig. Da ferner auch die Bauart der Schiffe eines Landes und einer Küste bezüglich der Anordnung der Aufbauten und Verbände sowie der Stärke des verwendeten Holzmaterials bei gleichen Größen wenig voneinander abwich, und ebenfalls die Höhe der Belastung sich durch Erfahrungswerte immer ziemlich gleich stellte, so ergab die Monsonsche Regel in der einfachen Gestalt:

$$\frac{L \times B \times T}{100}$$

für die Schiffe damaliger Zeit einen relativ guten Maßstab ihrer Tragfähigkeit.

In der Formel wurde die Länge L an dem Kiel gemessen, soweit dieser den Grund berührte, die Breite B war die innere größte Breite mittschiffs von Planke zu Planke, die Tiefe T wurde an der Unterkante der Planken des Laderaumdecks bis zur Planke neben dem Kielschwein gemessen. Der Divisor 100, der zunächst von Monson vorgeschlagen war und der das Verhältnis der Ladung am Gesamtdeplacement kennzeichnet, wurde gemäß einem Vorschlage Bushnells durch 94 ersetzt, und die gesetzliche Formel lautete daher:

$$\frac{L \times B \times T}{94}.$$

Daß in Wirklichkeit das Ergebnis solcher Vermessung die Tragfähigkeit, also das Gewicht und nicht den Raum, wie man auf den ersten Blick anzunehmen geneigt sein könnte, treffen sollte, geht noch deutlicher aus der späteren veränderten Form jener Gleichung hervor, welche 1773 Gesetzeskraft erhielt.

2. Builders Old Measurement (BOM-Verfahren).

Schon 1710 hatte man weitere Vereinfachungen an der Monsonschen Regel insoweit vorgenommen, daß man die halbe Breite für die Tiefe setzte, entsprechend dem damals ganz allgemein üblichen Abmessungsverhältnisse

$$\frac{T}{B} = \frac{1}{2}.$$

Die Unkorrektheiten, die sonst in der Art der Aufmessung der Abmessungen lagen und die zu unbilligen Ausnutzungen der Formel führten, suchte man allmählich zu beseitigen, indem man als Länge die Perpendikellänge setzte, vermindert um den Überhang des Hecks und der Rundung des Vorstevens, wofür man als normales Maß $\frac{3}{5}$ der Breite setzte. Es verblieb somit als Länge $L - \frac{3}{5} B$. Die Tiefe wurde wieder $= \frac{B}{2}$ gesetzt und als Divisor 94 gewählt. Diese Zahl ergab sich aus folgender Überlegung.

Der Völligkeitsgrad des Deplacements konnte bei der damals üblichen Formgebung der Schiffe allgemein $= 0,62$ angenommen werden. Wurden die Abmessungen in Fuß engl. eingesetzt, so stellte sich also das Deplacement, in Tonnen zu je 35 Kub.-Fuß gerechnet, zu:

$$D = \frac{62}{100} \cdot \frac{(L - \frac{3}{5}B) \cdot B \cdot \frac{B}{2}}{35}$$

Die Tragfähigkeit damaliger Schiffe betrug ³/₅ des Deplacements, d. h.

$$\text{Tragfähigkeit} = \frac{3}{5} \cdot \frac{62}{100} \cdot \frac{(L - \frac{3}{5}B) \cdot B \cdot \frac{B}{2}}{35}$$

$$= \frac{(L - \frac{3}{5}B) \cdot B \cdot \frac{B}{2}}{94} = \frac{L_1 \cdot B \cdot \frac{B}{2}}{94}.$$

Diese Regel, die in bezug auf die Messung der Länge unbedingt einen Fortschritt darstellt, im übrigen aber nur dem damaligen Stande der Schiffbautechnik mit seiner stereotypen Bauweise entsprach, wurde 1773 als **Builders Old Measurement** zum Gesetz erhoben. Es war das erste allgemein gültige Vermessungsverfahren in **England**. Brauchbare Ergebnisse lieferte diese Formel nur, solange die Voraussetzung der gleichen Verhältnisse der Abmessungen erfüllt wurde. Schließlich führte sie zur Vergrößerung der Tiefe auf Kosten der Breite und damit zu schlechten Seeeigenschaften. Das Verfahren hatte in England bis 1835 allgemeine Gültigkeit.

3. Das englische New Measurement.

Die mancherlei Auswüchse, die zur Vermeidung eines großen Tonnengehaltes sich an den Formen und Abmessungen der Schiffe der späteren Zeit nach Einführung des B O M-Systems zeigten, gaben zu Beschwerden Anlaß, und diese führten schließlich zu einer Untersuchung der Verhältnisse durch eine von der Regierung 1821 und eine andere 1833 ernannte Kommission. Auf Grund der Beratungen der letzteren Kommission wurde 1835 ein neues Vermessungsverfahren eingeführt, das den Namen „New Measurement" erhielt. Diese Vermessung ist insofern von weittragender Bedeutung geworden, als hier zum ersten Male mit voller Absicht ein der Ladung verbleibender Raum statt des Gewichtes mit dem Vermessungsergebnis getroffen werden sollte. Sehr bemerkenswert ist es aber, wie man zu diesem Entschlusse kam. Man war sich wohl darüber klar, daß die Tragfähigkeit des Schiffes das gerechteste Grundmaß für die Erhebung der Hafenabgaben sei. Da man aber kein geeignetes Mittel ausfindig machen konnte, sie einigermaßen genau bei den allmählich immer mehr voneinander abweichenden Formen der Schiffe festzustellen, so sah man in der Bestimmung des Raumes, welcher der Ladung zur Verfügung blieb, ein willkommenes Aushilfsmittel um so mehr, als in bezug auf die Anordnung gedeckter Räume über dem Oberdeck, welche zur Aufnahme von Ladung in Betracht kommen und das Verhältnis des Ladegewichts zum Laderaum beträchtlich verschieben konnten, größere Abweichungen unter den Schiffen damaliger Zeit nicht beobachtet wurden.

Das New Measurement Verfahren bestimmte nach fest gelegten Regeln 3 Querschnitte, fand die Unterdeck-Tonnage als Produkt aus einer mittleren Länge und der Summe bestimmter Breiten und bestimmter Tiefen an den bezeichneten Querschnitten. Dieses Produkt wurde dann noch durch einen feststehenden Divisor geteilt. Wurde zu solchem Unterdeckgehalt noch der Inhalt der Aufbauten als Produkt ihrer mittleren Länge, Breite und Höhe, dividiert durch einen besonderen Divisor, addiert, so ergab die Summe die Groß-Tonnage, aus der man bei Dampfschiffen durch Abzug des Maschinenraumes als Produkt aus Gesamtlänge, einer an bestimmter Stelle zu messenden Breite sowie der mittleren Tiefe die Netto-Tonnage = Register-Tonnage erhielt.

Der Divisor war hierbei nach Maßgabe der am meisten gebräuchlichen Formen der Schiffe aus der Gesamttonnenzahl aller britischen Schiffe damaliger Zeit berechnet. Er diente also in gewissem Sinne als Ausgleichsfaktor, um Sprünge in der Statistik, welche durch ein neues Vermessungsverfahren notwendig eintreten mußten, zu vermeiden. Wieder waren es also wirtschaftliche Rücksichten, welche die Form der neuen Vermessung bestimmten. Da der Ausgleichsfaktor sich dem damaligen Stande der Schiffbautechnik anpaßte, so konnte es bei der rapiden Umwälzung, welche sich kurz nach jener Zeit durch die Einführung der Dampfkraft im Schiffbau vollzog, nicht ausbleiben, daß die Formel hauptsächlich bei den neuen Schiffen ungerecht wirkte. Und da sie nur auf eine bestimmte typische Bauart zugeschnitten war, so ließ sie sich außerdem zu ungunsten der Abgabenempfänger ausnutzen. So entstanden Schiffsformen, welche in der Erstrebung eines geringen Nettoraumgehaltes alle anderen Rücksichten, z. B. auf Seetüchtigkeit außer acht ließen, und deren Besteuerung im schreienden

Gegensatz zu ihrer wirklichen Tragfähigkeit stand. Das gab den Anlaß zu neuen Beratungen in Kommissionen, aus denen sich aber erst nach Jahren ein neues Verfahren, das sogenannte „Moorsomsche System" entwickelte.

4. The Merchant Shipping Act vom Jahre 1854.

Das Moorsomsche System wurde durch den Merchant Shipping Act vom Jahre 1854 in England eingeführt. Ein weiterer Act vom Jahre 1862 bestimmte, daß alle fremden Schiffe derjenigen Nationen, welche das englische Vermessungssystem angenommen hatten, in englischen Häfen nicht nachvermessen zu werden brauchten. Dieses Moorsomsche System wurde der Grundstein der heutigen internationalen Vermessung und ihr unmittelbarer Vorläufer.

Es wurde dabei der ganze innere Raum des Schiffes bis zum obersten Deck gemessen (bzw. bei Schiffen mit 3 und mehr Decks bis zum 2. Deck von unten), ganz unabhängig von der Verwendung der einzelnen Abteilungen. Hinzugerechnet wurden sodann alle geschlossenen Räume in Aufbauten; der Inhalt der Mannschaftsräume aber nur, soweit er den 20. Teil des verbleibenden Rauminhaltes unter dem obersten Deck und den Aufbauten überstieg. Alle diese Räume zusammen bildeten den Bruttoraumgehalt. Dieser wurde in der Einheit der „Groß-Register Tons" angegeben, welche sich durch Teilung der Anzahl von Kubikfuß durch 100 ergab. 100 war dabei eine Erfahrungszahl — genauer lautete sie 98,22 —, die Moorsom aus einer Anzahl damaliger Schiffe der verschiedensten Gattungen errechnete, um bei Berechnungen nach dem neueren Verfahren auf ein gleiches Ergebnis wie mit der früheren BOM-Rechnung zu kommen. Es war somit:

1 Rg.-t = 100 cbf = 2,83 cbm

1 cbm = 0,353 Rg.-t.

Aus diesem Bruttoraumgehalt erhielt man durch Abzüge den Nettoraumgehalt als denjenigen Raum, der bei verständiger Ausnutzung zur Stauung von Ladung übrig bleibt. Durch die eigentümliche Art der Größnebestimmung solcher abziehbarer Räume entsprach das Nettoergebnis aber nur selten dem wirklichen verfügbaren Laderauminhalte. Aus sanitären Rücksichten durften die unter dem obersten Deck gelegenen Mannschaftsräume nicht abgezogen werden, um damit den Reeder zu veranlassen, diese Räume in gesundere Aufbauten zu verlegen. Für die Abzüge der Maschinenräume wurde die sogenannte

Prozentregel eingeführt. Danach wurde der Inhalt der Maschinen- und Kesselräume unter dem Vermessungsdeck einschließlich der zugehörigen Luft- und Lichtschächte über dem Vermessungsdeck und innerhalb von Aufbauten, sowie bei Schraubendampfern des Wellentunnels ermittelt. Betrug dieser Inhalt insgesamt bei Schraubendampfern weniger als 13 und mehr als 20 % des Bruttoraumgehaltes, so kam der wirklich ermittelte Maschinenraum + 75 % desselben in Abzug. Betrug dagegen dieser Inhalt bei Schraubendampfern mehr als 13 und weniger als 20 % des Bruttoraumgehaltes, so kamen insgesamt 32 % des Bruttoraumgehaltes in Abzug. Bei Raddampfern betrugen die entsprechenden Grenzwerte 20 und 30 % und die dann in Abzug gelangenden Werte 37 % des Bruttoraumgehaltes, bzw. wirklicher Maschinenraum + 50 % des letzteren. Jene Zuschläge sollten die Kohlenbunkergrößen berücksichtigen. Von einer tatsächlichen Vermessung der Bunker sah man deshalb ab, weil viele Dampfer Reservebunker führten, die unter Umständen auch Ladung aufnahmen.

Das auf dem Moorsomschen System sich aufbauende Vermessungsgesetz erfuhr im Laufe der Jahre manche Änderungen. So wurden seit 1867 auch die Ladeluken dem Bruttoraumgehalt soweit hinzugerechnet, als ihr Inhalt ½ % des verbleibenden Raumgehaltes überstieg, und ferner wurde bestimmt, daß die Mannschaftsräume unabhängig von ihrer Lage vom Bruttoraumgehalte in Abzug gebracht werden durften. Auf diese Weise wurden Räume abgezogen, die zum Teil gar nicht in den Bruttoraum eingemessen waren. Ähnlich ging es auch mit der Hinzurechnung von oberen Maschinen-, Licht- und Luftschächten zu den Maschinenräumen, um deren Prozentsatz zu erhöhen. Auch sie waren meistens im Bruttoraumgehalte nicht enthalten. Das führte zu Unzuträglichkeiten, die schließlich eine Änderung der Bestimmungen dahingehend veranlaßten, daß seit dem Jahre 1889 nichts in Abzug gebracht werden durfte, was nicht vorher in den Bruttoraum eingemessen war.

In dem gleichen Jahre wurde auch bestimmt, daß jeder Wasserballastzwecken dienende Doppelboden gewöhnlicher Konstruktion von der Einvermessung ausgeschlossen werden konnte. Wenn die Tiefen der Querschnitte im Raume also auf diese Weise bis auf den inneren Boden gemessen wurden, so war dabei Vorbedingung, daß der Doppelboden nicht zur Aufnahme von Ladung, Vorräten und Brennmaterial benutzt wurde.

Übersieht man das Moorsomsche System, so muß man berücksichtigen, daß damals fast alle regulären Frachtschiffe einen Maschinen- und Kesselraum zwischen 13 und 20 % bzw. 20 und 30 % vom Bruttoraumgehalte hatten, und daß Moorsom auf diese Tatsache hin den gleichen Abzug vorschlug. Ferner ist zu beachten, daß Moorsom keine Ausnahme gelten lassen wollte, denn er sagte: „Keine Vermessung kann vollkommen sein, solange eine Ausnahme gestattet wird."[1]) Erst mit der Einführung solcher Ausnahmen und dem Bau anderer Schiffstypen, vornehmlich der Post- und Schnelldampfer, trat die ungleichartige Wirkung der damaligen Schiffsvermessung deutlicher in die Erscheinung, und es wäre dann an der Zeit gewesen, sie den veränderten Verhältnissen anzupassen.

5. Weitere ältere Vermessungsverfahren außerdeutscher Staaten.

Die meisten anderen außerdeutschen Staaten hatten von Anfang an Vermessungen, die den jeweiligen Formen und Größenverhältnissen damaliger Schiffe entsprechend aus den einfachen Abmessungen nach Möglichkeit die Tragfähigkeit feststellen sollten. Der Umrechnungsfaktor, der aus den Größenmaßen der Länge, Breite und Tiefe das Lastenmaß konstruierte, diente also zum Ausgleich des Verhältnisses der Ladung zum Gesamtgewichte des Schiffes und gleichzeitig zur Umwandlung in ein bequemes Grundmaß, auf dessen Grundlage die Hafenabgaben erhoben werden konnten. Je mehr im Laufe der Zeit die Schiffsformen voneinander abwichen, um so weniger zutreffend konnten naturgemäß die Ergebnisse für die Trag- bzw. Ladefähigkeit sein. Da es aber nach dem damaligen Stande der Wissenschaft nicht möglich war, in einfacher Weise ein allen Schiffsformen gerecht werdendes Verfahren zur Ermittelung der Tragfähigkeit ausfindig zu machen, so begnügte man sich allmählich damit, eine der Leistungsmöglichkeit der Schiffe wenigstens einigermaßen entsprechende Norm zur Bemessung der Hafenabgaben in solchen einfachen Vermessungsformeln zu gewinnen. In dieser Beziehung machte die 1830 in Dänemark aufgestellte Vermessungsvorschrift, die auch für Schleswig-Holstein Gültigkeit besaß, eine erfreuliche Ausnahme. Sie zeigte, daß es möglich war, auch mit den damals bekannten primitiven Berechnungsmitteln zu einem Vermessungsergebnis zu gelangen, das ziemlich genau die Trag-

---

[1]) Report 1881, S. XIX.

bzw. Ladefähigkeit des Schiffes kennzeichnete. Dieses Verfahren ist in seinem wissenschaftlichen Aufbau und seiner Grundlage so stichhaltig, daß Einzelheiten daraus für eine dem heutigen Stande der Technik und Wirtschaft entsprechende Neugestaltung der Schiffsvermessung in Frage kommen könnten. Die dänische Vermessung[1]) wollte zunächst die aus Ladungs- und Maschinengewicht bestehende Tragfähigkeit als Differenz der Gewichte zwischen vollbeladenen und fertig ausgerüsteten unbeladenen Schiffen bestimmen. Da die beiden diesem Zustande entsprechenden Wasserlinien aber nicht einwandfrei festgestellt werden konnten, so sollte das Ladungsgewicht als annähernd gleichbleibender Teil des Gesamtdeplacements aus den Unterdeckräumen unter Anwendung eines Faktors errechnet werden, der sich auf Grund von Erfahrungen mit einer Reihe von Fahrzeugen ergab. Die Unterschiede im Vermessungsergebnis bei allzu großen Formabweichungen einzelner Schiffe konnten durch eine bestimmte Vergütung mit der in Rechnung zu setzenden Länge, von welcher ein Abzug gemacht wurde, gemildert werden. Der Raumgehalt unter Deck wurde dabei durch Messung des Mittelquerschnitts und Multiplikation von dessen Inhalt mit der Länge des Schiffes und einem Faktor gewonnen, welcher dem sogenannten Zylinderkoeffizienten φ bei der Deplacementsermittlung entsprach,

$$(\varphi = \frac{D}{\otimes . L}).$$

D = Deplacement,
$\otimes$ = Fläche des eingetauchten Hauptspantes,
L = Länge.

Die Größe dieses Koeffizienten ergab sich entsprechend der Schärfe eines vorderen und hinteren Querschnitts nach Tabellenwerten. Es war bei diesem Verfahren also nur nötig 3 Querschnitte aufzumessen. Abgesehen von der Einfachheit ist an diesen Vorschriften noch besonders bemerkenswert, daß von dem so ermittelten, die Summe von Ladungs- und Maschinengewicht darstellenden, Tragfähigkeitswerte das Gewicht der Maschinenanlage in Gestalt des von ihr eingenommenen Raumes, dividiert durch einen Erfahrungsfaktor, abgezogen wurde.

---

[1]) Vgl. Steinhaus, Abhandlungen aus dem Gebiete des gesamten Schiffbaues, Hamburg 1899, S. 73.

6. Ältere Vermessungsvorschriften in deutschen Staaten.

Bis zum Jahre 1849 hatten die einzelnen deutschen Staaten ihre eigenen Vermessungsbestimmungen. Diese hatten schon infolge der verschiedenen Landesmaße ein stets voneinander abweichendes Ergebnis. In dem angegebenen Jahre wurde von einer durch die sämtlichen deutschen Bundesseestaaten einberufenen Kommission über ein einheitliches Vermessungsverfahren beraten. Das Ergebnis war eine Berechnungsart, die vollständig auf der besprochenen dänischen Methode fußte und nur in dem Ausgleich- und Umrechnungskoeffizienten Abweichungen von ihr zeigte. Letztere waren in der Hauptsache durch eine abweichende Form der Schiffe bedingt. Bemerkenswert ist die in der Kommission erzielte Verständigung über den Zweck der Schiffsvermessung.

Dieser sollte sein:

1. die Ermittlung der Ladungsfähigkeit und Tragfähigkeit eines Schiffes,
2. die Ermittlung irgendeiner anderen Größe, nach welcher die zu entrichtenden Abgaben geregelt werden könnten.

Es wurde also auch hier anerkannt, daß die Grundlage für die Besteuerung der Schiffe im Hafen die Ladefähigkeit sein müsse, und nur infolge der Unmöglichkeit, sie auf einfache Weise sicher feststellen zu können, kam man zur Bestimmung der Schiffsabmessungen, aus welchen durch geeignete Umformung, den Raumverhältnissen der damaligen Schiffe entsprechend, ein annähernd richtiger Maßstab der Ladefähigkeit gewonnen werden konnte.

7. Die deutschen Schiffsvermessungsordnungen von den Jahren 1872 und 1888.

Mit der Einführung einer einheitlichen deutschen Flagge anstelle derjenigen der einzelnen Bundesstaaten wurde auch eine allgemeine für das neu gegründete Deutsche Reich gültige Schiffsvermessungsordnung verwendet, welche sich im Grundgedanken auf dem Moorsomschen Verfahren aufbaute und sich von ihm hauptsächlich — von einigen unbedeutenden Kleinigkeiten abgesehen — nur in der Bestimmung des Maschinenraumabzuges unterschied. Dieser Abzug erfolgte in der wirklich eingenommenen Größe jener Räume. Es wurde dabei der Maschinen- und Kesselraum zwischen seinen Begrenzungsschotten einschließlich aller Kohlenräume nach Querschnitten bis zum tiefsten Deck vermessen. Dazu kamen noch die in den Zwischendecks belegenen Licht- und Luftschächte und die Kohlenräume, sowie der Rauminhalt des Wellentunnels. Als Grenze für den Abzug der Maschinenräume war mit Ausnahme von Schleppdampfern die Hälfte des Bruttoraumgehaltes angesetzt. Gemäß einer im Jahre 1873 vom Reichskanzler-Amt herausgegebenen Erläuterung wurden dann diejenigen in Aufbauten auf dem obersten Deck belegenen Räume wie Luken und Lukenkappen, teilweise offene Räume, Navigationshäuser, Küchen und Klosetts, näher gekennzeichnet, die von der Vermessung auszuschließen seien. Im Jahre 1883 konnten auch Doppelböden, sofern sie ausschließlich zur Aufnahme von Wasserballast dienten, von der Vermessung dadurch ausgeschlossen werden, daß die Querschnittstiefen nur bis auf Innenkante des Doppelbodens genommen wurden.

Im Jahre 1888 kam es dann zu einer neuen deutschen Schiffsvermessungsordnung, die den Grundgedanken derjenigen von 1873 festhielt und nur in Einzelheiten Änderungen und präzisere Fassungen vornahm. Die letzteren betrafen die abzuziehenden Räume für den Gebrauch der Mannschaften, die einzeln aufgeführt wurden. Die Änderungen bezogen sich im wesentlichen auf die Einmessung der in den Aufbauten befindlichen Licht- und Luftschächte in den Bruttoraum, wodurch andererseits deren Hinzuziehung zu den Maschinenräumen bedingt wurde. Das ergab den nach dem englischen System vermessenen Schiffen gegenüber wieder eine Benachteiligung, indem diese die Kessel- und Maschinenlicht- und Luftschächte nur dann zugemessen erhielten, wenn dadurch ein größerer Maschinenraumabzug ermöglicht wurde. Sowohl hierdurch, wie vor allem durch den mit der Anwendung der Prozentregel bedingten größeren Maschinenraumabzug kamen die nach englischem System vermessenen Schiffe immer auf einen kleineren Brutto- und einen noch kleineren Nettoraumgehalt, als die gleich großen deutschen Schiffe; und auch bei der Umrechnung, die gemäß gegenseitigen Übereinkommens in den deutschen Häfen für englische und in den englischen Häfen für deutsche Schiffe vorgenommen wurden, waren die deutschen Schiffe durch weitere kleinere Eigentümlichkeiten der beiden Vermessungsarten benachteiligt, so daß das Deutsche Reich sich schließlich veranlaßt sah, um fernere wirtschaftliche Schäden zu vermeiden, sich der englischen Vermessung völlig anzupassen. Das geschah mit der deutschen Vermessungsordnung vom Jahre 1895.

b) Die heutigen Vermessungsvorschriften.

1. Die internationalen Vorschriften.

Die heutigen von fast allen Kulturstaaten übernommenen Vermessungsvorschriften bauen sich auf den durch den Merchant Shipping Act von 1854 festgesetzten Regeln auf. Wie schon erwähnt, waren es wirtschaftliche Rücksichten, die das Deutsche Reich und mit ihm andere Staaten veranlaßten, die von ihnen bisher befolgten Vorschriften aufzugeben und sich genau dem in England üblichen Vermessungsverfahren anzupassen.

Durch die vorherige verschiedenartige Berücksichtigung der Maschinenraumabzüge in den einzelnen Vermessungsvorschriften entstanden Unterschiede im Nettoraumgehalte, durch welche die englischen Schiffe in fremden Häfen begünstigt und fremde Schiffe in englischen Häfen benachteiligt wurden. Die letzteren mußten sich häufig noch einen zweiten, für englische Häfen gültigen Meßbrief ausstellen lassen. Aber auch mit dem Ergebnis dieser Notvermessung standen sie sich noch ungünstiger als die englischen Schiffe, und so kam alsbald der lebhafte Wunsch nach einer auf gleicher Grundlage sich aufbauenden und gleichartig in allen Ländern wirkenden Vermessung auf. England hatte sich trotz mancher Beschwerden und Einwendungen, welche namentlich auf der 1881 berufenen Royal Commission for Measurement of Tonnage vorgebracht wurden,[1]) nicht dazu entschließen können, eine Änderung in den Vermessungsvorschriften vorzunehmen; und zwar verhinderten wohl vornehmlich Rücksichten auf die einschneidenden Umwälzungen, welche damit auf die vielgestaltigen Hafentarife sowie auf die statistischen Berechnungen und Nachweise hervorgerufen wären, jede grundsätzliche Abweichung von den bis dahin gültigen Regeln. Begründet wurde der Entschluß, auf der alten Vorschrift zu bestehen, damit, daß die englische Handelsmarine unter dieser Vermessungsregel zur bedeutendsten der Welt geworden wäre und daß allzu große Härten in der Ordnung durch Sondertarife ausgeglichen werden könnten. Dem ist entgegengehalten, daß die überwiegende Seegeltung Englands durch wesentlich andere, politische und wirtschaftliche Faktoren bedingt wurde und daß der rapide Aufschwung der Seehandelsstellung Englands selbst durch eine im einzelnen ungleichartig und ungerecht wirkende Schiffsvermessung nicht hätte gehemmt werden können.

---

[1]) Report by Her Majesty's Commissioners, London 1881 u. Minutes of Evidence, London 1881.

Auch die spätere 1906 vom britischen Board of Trade einberufene Kommission[1]) kam grundsätzlich zu keinem anderen Ergebnis als die vom Jahre 1881. Es sollte in diesen Beratungen untersucht werden, ob eine bestimmte Schiffsklasse einen unverhältnismäßig geringen Netto-Registertonnengehalt habe, und wenn das der Fall sei, sollte berichtet werden, welche Verbesserungen mit einer Begrenzung des Maschinenraumabzuges erreicht werden könnten. Ferner sollte die Kommission auch die Frage einer gleichen Basis für die Abgaben erörtern.

Nach 24 Sitzungen, zu denen ein umfangreiches Material beigebracht wurde, kam das Committee zu der Ansicht, daß, von wenigen Kleinigkeiten abgesehen, das bestehende Gesetz befriedigend gewirkt habe. Es lasse eine freie Entwicklung der Typen zu, und der Ausdehnung der Maschinen- und Mannschaftsräume sei ein weiter Spielraum gelassen. Es wurde festgestellt, daß das britische Parlament in einzelnen Fällen Häfen, allerdings nur kleineren, die Befugnis erteilt habe, die Abgaben auf der Grundlage der Großregistertonnen zu erheben, und zwar zu einem festen Verhältnis (zwischen $33^1/_3$ und 50 %). Bemerkt wurde außerdem, daß die hauptsächlichsten Seemächte das britische System angenommen hätten.

Die nähere Untersuchung der bestehenden Schiffsvermessungsordnung wird zeigen, wieweit diese Schlußfolgerungen und Darlegungen richtig sind.

Die heutige deutsche Vermessungsordnung datiert vom 1. März 1895 und ist mit allen inzwischen eingetretenen kleineren Änderungen 1908[2]) in einer Neuauflage herausgegeben. Danach werden zunächst die Räume unter einem festen Deck (Vermessungsdeck) vermessen. Sie bilden zusammen mit dem Inhalt der verschließbaren Aufbauten und dem Inhalt der Ladeluken, soweit derselbe $1/2$ % des sonstigen Bruttoraumgehalts übersteigt, den Bruttoraumgehalt.

Von ihm werden einzelne Räume, welche zum Gebrauch der Schiffsmannschaft, zur Navigierung des Schiffes und für die Unterbringung der Maschine bestimmt sind, in Abzug gebracht. Der Rest ist der Nettoraumgehalt.

Der Laderaum wird also nicht dadurch ermittelt, daß er für sich vermessen wird, sondern indem man vom Gesamtraum (Bruttoraumgehalt) diejenigen Räume abzieht, die Navigations-, Propeller- und Unterkunftszwecken für die Mannschaft dienen. Jeder zur Aufnahme

---

[1]) Report of Committee, London 1906.
[2]) Vermessung der Seeschiffe, Berlin 1908.

von Ladung ungeeignete Raum, der also für die genannten Zwecke nicht eingerichtet ist, muß daher vermessungstechnisch als verlorener Raum gelten.

Vermessungsdeck ist bei Schiffen mit weniger als 3 Decks das oberste, bei Schiffen mit 3 oder mehr Decks das 2. von unten. Je nach der Länge des Vermessungsdecks werden eine Anzahl Querschnitte mit 4 (bis zu 5 m Raumhöhe) oder 6 (über 5 m Raumhöhe) Ordinaten genommen, und zwar teilt man

eine Länge bis zu 15 m in   4 gleiche Teile
,,   ,,   ,,   ,, 37 m ,, 6   ,,   ,,
,,   ,,   ,,   ,, 55 m ,, 8   ,,   ,,
,,   ,,   ,,   ,, 69 m ,, 10   ,,   ,,
,,   ,,   über 69 m ,, 12   ,,   ,, .

Die Ordinaten rechnen von und bis Innenkante Spant oder fester Wegerung, wenn die letztere nicht mehr als 30 cm Spielraum frei läßt. Die Summierung erfolgt nach Simpsons I. Regel.

Der Inhalt der über dem Vermessungsdeck liegenden Decks wird besonders bestimmt, ebenso der Inhalt der Aufbauten. Man mißt dabei einen mittleren Horizontalquerschnitt und multipliziert ihn mit einer mittleren Höhe.

Ausgesondert, d. h. in den Bruttoraum überhaupt nicht eingemessen werden Aufbauten, welche als zur Aufnahme von Ladung ungeeignet, und durch Anordnung bestimmter Öffnungen gemäß näherer Erläuterung als offen angesehen werden, ferner einzelne Teile in geschlossenen Aufbauten, welche zur Aufnahme von Hilfsmaschinen, eines Claytonapparates, des Steuers, der Kombüsen und der Klosetts bestimmt sind.

Vom Bruttoraume abgezogen werden zunächst die Räume für den Gebrauch der Besatzung, soweit sie bei den in der großen Küsten- und der Atlantischen Fahrt verkehrenden Schiffen den gesetzlichen Vorschriften vom 2. Juli 1905 (Reichsgesetzblatt S. 563) in bezug auf Größe und Einrichtung entsprechen, weiter jeder fest ins Schiff eingebaute Wasserballastraum und die zur Navigierung und Aufnahme von Bootsmannsvorräten bestimmten Räume und bei Segelschiffen auch die Segellasten. Für die Bootsmannsvorräte und Segellasten gelten bestimmte Maximalgrenzen. Bei Schiffen, die durch Dampf oder eine andere künstlich erzeugte Kraft bewegt werden, wird noch ein Abzug für die von der Treibkraft eingenommenen Räume nach der Prozentregel gemacht. (Siehe S. 62.)

Die Ungleichheit in der Behandlung des Maschinenraumabzuges für Schiffe, deren Maschinenraumgrößen an der Grenze der Prozentzahlen liegen[1]), wird dadurch nach Möglichkeit gemildert, daß zur Erhöhung des Prozentsatzes des Maschinenrauminhaltes zum Bruttoraumgehalte einige sonst nicht mit einzumessende Maschinen- und Kesselschächte zum Bruttoraum und dann auch zum Maschinenraum hinzugerechnet werden.

Grundbedingung für einen Abzug ist dabei immer die vorherige Einvermessung des betreffenden Raumes in den Bruttoraum (vgl. S. 62).

Was zunächst an den Vorschriften befremdet, ist der große Spielraum, den sie in bezug auf die Festlegung des Bruttoraumgehaltes lassen. Ob ganze Aufbauten in die Vermessung eingezogen werden oder nicht, hängt nicht etwa von ihrer gesamten baulichen Beschaffenheit oder von ihrem Verwendungszweck ab, sondern von der in den „technischen Anweisungen" angegebenen Anordnung der Öffnungsverschlüsse in den Endschotten. Die nicht eingemessenen, also ausgesonderten **Aufbauten können, trotzdem für sie keine Abgaben entrichtet werden, unmittelbar nutzbringend verwertet werden, d. h. sie dürfen Ladung und Kohlen aufnehmen.** Mit der Stauung von Kohlen in diesen offenen, nicht eingemessenen Aufbauten wird aber ein wesentlicher Grundgedanke der Vermessungsvorschrift durchbrochen, nämlich der, daß nur solche Räume abgezogen werden dürfen, die vorher in den Bruttoraum eingemessen waren. Denn für die Kohlen ist allgemein in dem prozentualen Abzuge der von der Treibkraft eingenommenen Räume ein Abzug berücksichtigt. Werden die Kohlen nun im offenen Aufbau gelagert, so wird für sie ein Raum abgezogen, der in den Bruttoraum gar nicht einvermessen war. Der bei normaler Bauweise ihnen zukommende Bunkerraum innerhalb des vermessenen Bruttoraumes kann nun zu anderen, unmittelbar nutzbringenden Zwecken verwendet werden. Diese Tatsache, daß in Aufbauten, die vermessungstechnisch als minderwertig angesehen werden, in der Praxis aber vollständig dicht gemacht werden können, sich Kohlen und Ladung ungestraft und unberechnet führen lassen, bezeichnet ganz offenbar einen Mangel in den Vorschriften, den die Trennung der

---

[1]) Ist die Maschinenraumgröße eines Schraubendampfers 12% vom Bruttoraumgehalt, so beträgt der Abzug $12 + 3/4 \cdot 12 = 21\%$. Ist der Maschinenraum dagegen $13/100$ so groß wie der Bruttoraumgehalt, so werden 32% von letzterem abgezogen. Das ist ein Plus von 11%, das durch Vergrößerung der Maschinenräume um nur 1% erreicht wurde.

Aufbauten in offene (auszusondernde) und geschlossene (einzumessende) an und für sich nicht hat, oder wenigstens nicht in dem Maße, wie gewöhnlich angenommen wird. Vermutlich ist man bei der Festlegung dieser unterschiedlichen Behandlung der Aufbauten von dem Gedanken ausgegangen, daß nicht völlig seefest geschlossene Aufbauten auch keinen Teil des Reservedeplacements darstellen können, folglich das Freibordmaß (= lineares Maß des Reservedeplacements) entsprechend erhöhen und damit die Trag- und Ladefähigkeit verringern müssen. Würden Freibord- und Vermessungsregeln in diesem Sinne Hand in Hand gehen, so ließe sich gegen eine solche Auffassung, soweit sie in der Praxis nicht auf zu kleinliche Einzelvorschriften über Größe und Anordnung der Öffnungen hinaus liefe, nichts einwenden. Denn die Stabilitätsverringerungen, welche offene, nicht seefest geschlossene Aufbauten gegenüber festgeschlossenen bedingen, sind ja in der Bemessung des Freibordmaßes im großen und ganzen berücksichtigt. Die Anordnung der Öffnungen und ihre Lage, durch welche die Stabilität noch weiter beeinflußt wird, können nicht gut unterschiedlich in die allgemeinen Freibordbestimmungen hineingezogen werden.

Werden also offene, d. h. nicht vollständig seefest geschlossene, Aufbauten sowohl für die Vermessung wie für die Freibordbestimmungen als nicht vorhanden angesehen, und gilt dann zugleich die Bestimmung, daß in solchen offenen Aufbauten weder Ladung noch Kohlen gefahren werden dürfen, dann müßte jedem Einspruch gegen derartige Bauten und Anordnungen sinngemäß begegnet sein, und diese selbst würden mit der Zeit als überflüssige Verteuerungen des Baues bei neuen Schiffen verschwinden.

Leider weichen aber die Auffassungen der die Freibordgesetze handhabenden Seeberufsgenossenschaft und der Schiffsvermessungsbehörde bezüglich der Seetüchtigkeit offener Aufbauten voneinander ab. Während die letztere Behörde 3 näher festgelegte Arten von Verschlußöffnungen als gleichwertig Aussonderung ermöglichend ansieht, macht die Seeberufsgenossenschaft zwischen ihnen Unterschiede.[1] Für den Reeder sind diese verschiedenen Bewertungen der Öffnungen für das Freibordmaß von großer Bedeutung, da mit der Änderung des Freibordes sich zugleich die Trag- und Ladefähigkeit des Schiffes ändern.

---

[1] Vorschriften über den Freibord für Dampfer und Segelschiffe in der langen und Atlantischen Fahrt, sowie in der großen Küstenfahrt, Hamburg 1908.

Der Untergang des Dampfers „Emil Berenz" (1902 in der Danziger Bucht) ist wohl zweifellos auf diese ungleiche Behandlung der Aufbauten seitens beider Instanzen zurückzuführen und hat schon seinerzeit von der Notwendigkeit einer auf gemeinsamer Grundlage sich aufbauenden Änderung von Vermessungs- und Freibord-Bestimmungen überzeugt.

Im Laufe der Jahre sind immer neue Umgehungsversuche der Vorschriften gemacht worden, die darauf hinausliefen, einesteils einen aussonderungsfähigen, andernteils einen zur Aufnahme von Kohlen und Ladung vollauf geeigneten Aufbau zu erhalten; und wer beobachtet hat, wie dicht ein solcher vermeintlich nichtwasserdichter Verschluß zu halten vermag, der wird sich über die Unhaltbarkeit der bestehenden Bestimmungen, die immer ein beunruhigendes Moment in die Vermessung hineintragen, völlig klar geworden sein.

Ganz besonders treffen die über die Aufbauten im allgemeinen angestellten Überlegungen für die sogenannten Shelterdeckdampfer zu. Dieser Typ hat sich so eingebürgert, daß man über die Vorzüge, die er unverkennbar in einzelnen Fällen aufzuweisen hat, den Maßstab für die richtige Einschätzung seines Verhältnisses zu anderen Schiffen verloren zu haben scheint. Man sagt — vielleicht mit Recht —, daß der Shelterdeck-Typ der seetüchtigste ist und daß nur die bösen Vermessungsvorschriften, welche Speigaten in dem nicht eingemessenen Shelterraum zur Bedingung machen, ihn daran hindern, das zu leisten, wozu er seiner ganzen Einrichtung nach befähigt wäre. Das ist doch wohl ein vollständiges Verkennen der Tatsachen. Der Shelterdecker soll ja kein so tragfähiges Schiff als beispielsweise der Spardecker sein, demgegenüber er einen weit geringeren Registergehalt und darum auch ein viel geringeres Abgabenkonto aufweist. Weil der Aufbau hier nicht einvermessen wird, darf er auch keine Ladungsmöglichkeit haben, und das kann nur durch die Forderung entsprechender Öffnungen garantiert werden. Benötigt der Shelterdecker den Aufbau aber durchaus zu nutzbringenden Zwecken, z. B. zur Ladung, so mag er sie darin fahren und die Speigatten fortlassen. Dann muß er aber auch dafür Abgaben zahlen und infolgedessen den Raum einmessen. Das ist logisch und klar. Bei der Beurteilung dieser Frage erinnert man sich offenbar der Entstehung dieses Typs nicht mehr genau. Das oberste Deck wurde zu Schutzzwecken gebaut. Ladung, Kohlen usw., Passagiere sollten nicht über dem Oberdeck gefahren werden. Die Vermessungsbehörde mußte für die Befolgung dieses Verzichtes eine Garantie verlangen, und die Anordnung von Öffnungen, Speigaten usw. entspricht durchaus dem Schiffbaugebrauch, dem Wasser, welches in solche nicht festgeschlossene Aufbauten eindringt, einen schnellen Abfluß zu ermöglichen..

Wären die Speigaten nicht da, so könnte das einkommende Wasser naturgemäß nicht abfließen und würde vielleicht das ganze Schiff gefährden. Baut man den Aufbau aber so stark und dicht, daß Wasser überhaupt nicht einzudringen vermag, so hat man eben keine offenen Aufbauten mehr. Man kann dann Ladung darin aufnehmen und muß ihren Raum nun selbstverständlich auch einmessen und versteuern.

Die Suezvermessungsvorschrift geht in dieser Frage entschieden konsequenter vor, indem sie die nicht eingemessenen Aufbauten sofort zum Registergehalt zuschlägt, sobald Ladung oder Kohlen in ihnen gefahren werden.

Die Größe des Bruttoraumgehaltes eines beliebigen Dampfschiffes wird dadurch noch weiter willkürlich beeinflußt und steht insofern mit dem sich ergebenden Bruttoraummaße anderer gleich tragfähiger Schiffe im Widerspruche, als zur Erreichung eines günstigeren Maschinenraumabzuges Kessel und Maschinenschächte, die sonst ausgesondert würden, eingemessen werden können, um dann als Teil des Maschinenraumes einen höheren Prozentsatz desselben und damit einen größeren Abzug insgesamt zu ermöglichen. Dadurch wird der Begriff des Bruttoraumes noch mehr, als ohnehin schon durch die unbestimmte Behandlung der Aufbauten geschieht, schwankend, und er kann kein sicheres Vergleichsmaß mehr für die räumliche Größe der Schiffe sein. Würde diese Willkür in der Behandlung der Aufbauten und Schächte fortfallen, so könnte das Bruttoraummaß zweifellos der Statistik angemessene Vergleichswerte über die Größe der Schiffe liefern und die gesamten Raumverhältnisse im Schiff genügend charakterisieren.

Der Bruttoraum dient im allgemeinen dem Verkaufe, der Charter und den Verträgen als Basis.

Wie stellt sich nun der durch die Vermessung sich ergebende Nettoraumgehalt zur Verdienstkraft bzw. zur Ladefähigkeit eines Schiffes?

Zunächst ist es zum mindesten sehr zweifelhaft, ob die Verdienstkraft besser nach dem vom Transportobjekte eingenommenen Raum oder nach dessen Gewicht berechnet wird. Heute macht sich selbst im Kleinhandel immer mehr das Bestreben geltend, den Verkaufspreis nicht nach dem Volumen sondern nach dem Gewicht zu bestimmen, und es ist anzunehmen, daß der Großhandel diesen Bestrebungen voraufgegangen ist und sie beeinflußt hat. Aber selbst wenn der von den Handelsprodukten eingenommene Raum als praktische Unterlage zu ihrer Wertbestimmung angesehen wird, so darf doch niemals dafür der zufällig verfügbare Raum gesetzt .werden ohne Rücksicht, für welche Art von Ladung er bemessen ist, bzw. wieweit er im Einzelfalle ausgenutzt wird. Schiffe, welche von vornherein zum Transporte von Schwergutladungen vorgesehen sind, könnten sich dann mit so bescheidenen Raumverhältnissen einrichten, daß ihre Besteuerung auf dieser Grundlage zu einem starken Mißverhältnis zu ihrer Steuerkraft und ihrem Verdienste führen müßte. Andererseits würden für leichte Ladungen eingerichtete Schiffe unverhältnismäßig hoch mit Abgaben belastet werden, oder aber sie müßten um den zu vermessenden und daher steuerpflichtigen Raum einzuschränken, einen Teil ihrer Ladung außerhalb des Innenraumes auf Deck, unterbringen. In diesem Falle würde die Vermessung also einen auf Seeuntüchtigkeit gerichteten ungünstigen Einfluß auf das Schiff ausüben.

Dabei bleibt das Gewicht der aufzunehmenden Ladung sowohl bei Schwer- wie bei Leichtgutladung für ein bestimmtes Schiff immer dasselbe, denn die Belastung darf nicht über ein bestimmtes Freibordmaß hinausgehen; das heißt die Tragfähigkeit eines Schiffes ist nach oben hin stets begrenzt. Ein der Ladung verbleibender Raum ist daher unbedingt als ungeeigneter Maßstab für die Verdienstkraft des Schiffes anzusehen.

Ist es demnach ein Mangel der jetzigen Vermessungsordnung, daß sie den der Ladung zur Verfügung stehenden Raum bestimmen will, ganz gleichgültig, ob er wirklich ausgefüllt wird oder nicht, so erhöhen sich die Bedenken noch beträchtlich dadurch, daß nicht einmal dieser Raum richtig dargestellt wird.

Die Prozentregel verallgemeinert den Abzug vom Bruttoraum für eine große Reihe von Schiffen, und für die Bunker wird ein übermäßig großer Anteil angerechnet.

Schraubenschiffe, deren Maschinenraumgrößen zwischen 13 und 20 % vom Bruttoraume ausmachen, erhalten sämtlich den gleichen Abzug von 32 % vom Bruttoraumgehalt für Maschinenraum und Bunker. Außerhalb dieser Grenzen hält sich der für die Bunkerräume angesetzte Wert wenigstens prozentual zu den Maschinenraumgrößen. Aber da der Bedarf an Kohlenraum sehr verschieden ist je nach dem Fahrtbereich, so wird selbst mit dem prozentualen Abzuge kein Maß erzielt, das zu der Laderaumgröße im richtigen Verhältnis steht (s. Tafel V). Der in der Vermessung ausgedrückte Nettoraum wird vielmehr auf eine ganz unsichere Basis gestellt, und der Effekt ist ein so willkürlich geschaffener und eine die Verdienstkraft des Schiffes so wenig kennzeichnende Größe, daß es der größten Aufmerksamkeit und Erfahrung der Hafenbehörden und Dockgesellschaften bedarf, um trotz solcher mangelhafter Unterlagen zu einer einigermaßen gerecht wirkenden Verteilung der Abgaben auf die einzelnen Schiffe zu kommen. Die den örtlichen Verkehrsverhältnissen angepaßten Hafentarife werden somit zum Regulator für die ungerecht wirkenden Nettoergebnisse der Schiffe. Einzelne englische Häfen, die hauptsächlich jene bei der Vermessung begünstigten Küstenfahrer aufnehmen, deren Tragfähigkeit infolge des viel zu hoch abgesetzten Bunkerraumes bis zum zehnfachen Nettoregistergehalt[1]) beträgt, haben, wie bereits erwähnt, diesem Mangel dadurch abgeholfen, daß sie Abgaben auf der Grundlage des Bruttoraumgehaltes erheben.

Begünstigt sind durch den willkürlichen Maschinenraumabzug hauptsächlich 4 Klassen von Schiffen: zunächst die Küstenfahrer, die viel mehr Bunkerraum abgezogen erhalten, als sie jemals brauchen, dann die Schnelldampfer, die immer auf über 20 % Maschinenraumgröße kommen. Sie erhalten mit dem Zuschlag von 75 % für Bunker ebenfalls mehr Raum, als benötigt wird, für die Kohlen abgezogen. Ihre Ladefähigkeit ist überdies im Verhältnis zum Deplacement so gering, daß damit die eigentliche Verdienstkraft dieser sich im wesentlichen aus dem Postdienst und der Passagierbeförderung rentierenden Schiffe nur sehr unvollkommen ausgedrückt wird. An dieser letzten Tatsache kann nun freilich nur der Hafentarif und nicht die Schiffsvermessung etwas ändern. Ferner sind im Vorteil die Shelterdecker, deren nicht einvermessener Shelterdeckraum oft als Kohlenbunker benutzt wird, während der eigentliche normale Kohlenraum der Ladung zugute kommt, und schließlich die Schwergutschiffe, welche die Maschinen- und Mannschaftsräume häufig absichtlich groß machen, weil sie nur geringen Laderaum benötigen.

Die Vorteile, welche die Überschreitung der Grenzwerte für die Maschinenraumgrößen mit dem dadurch sehr veränderten Nettoraumgehalte bieten, führen naturgemäß zu Maßnahmen der Reeder und Schiffbauer, die mit den eigentlichen Zwecken der Schiffahrt und

---

[1]) Report of Committee 1906, 41—1235.

Tabelle

Vergleichswerte zwischen Trag- bzw. Ladefähigkeit und Registertonnage

a	b	c	d	e	a−[c+e]	Maschinen-leistung	Geschwindigkeit	f Deplacem. in t	g Schiffseigen-gewicht in t.	h Maschinen-gewicht in t.	f−[g+h] Tragfähig-keit		Wirklich gebrauchte Kohlen-gewicht in t. für	
Maschinenraum in r.t.		Angerechn. Kohl.bunkr. r.t.	Abz. f. Mann-schaft r.t.											
br.r.t.	ge-messen	Abzug			n.r.t.	PSi	v.				t.	r.t.	Atl.	K.
1000	100	100 + 75	75	50	775	365	8,3	2000	700	91,4	1208,6	427	99	33
1000	130	130 + 97,5	97,5	50	722,5	490	9	2000	700	122,5	1177,5	416	122,6	40,8
1000	131	320	189	50	630	490	9	2000	700	122,5	1177,5	416	122,6	40,8
1000	200	320	120	50	630	800	10,5	2000	700	200	1100	388	171,5	57,1
1000	201	201 + 150,75	150,75	50	598,25	800	10,5	2000	700	200	1100	388	171,5	57,1
1000	300	300 + 225	225	50	425	1330	12,7	2000	700	332	968	342	236	78,5
1000	400	400 + 300	300	50	250	2000	14,9	2000	700	500	800	282	302	100,5
1000	500	500 + 375	375	50	75	3000	17	2000	700	750	550	194	397	132
1000	543	543 + 407,29	407	50	0	3600	18	2000	700	875	425	150	450	150

den technischen Anforderungen im Widerspruch stehen. Die Maschinenräume werden über Gebühr ausgedehnt, die Licht- und Luftschächte
vermehrt und vergrößert, und wenn die „Erläuterungen und Anweisungen", in welchen den Schiffsvermessungsbehörden die Auslegung einzelner
Paragraphen der Vermessungsordnung vorgeschrieben wird, auch gewisse
Einschränkungen darin vorsehen, so läßt sich doch auch im Rahmen
dieser Vorschriften noch vielfach der Vorzug eines größeren Abzuges
erreichen. In welcher Weise Schiffe durch die Prozentregel allein in
ihren Vermessungsergebnissen beeinflußt werden, ist aus folgendem
Berechnungsbeispiele und nachstehenden Darstellungen zu ersehen.
(S. Tafel I und Tabelle A.)

Es sei dafür ein im Bruttoraumgehalte immer gleich bleibendes
Schiff von 1000 br.r.t. angenommen, bei welchem sich das Maschinengewicht proportional den angenommenen Maschinenraumgrößen steigern
möge. Das Deplacement betrage dabei gleichmäßig 2000 t; das Schiffseigengewicht 700 t und für Navigations- und Mannschaftsunterkunfts-
räume werde ein gleichbleibender Abzug von 5 % = 50 r.t. gemacht.
Der geringe Mehrbedarf, welchen diese Räume bei den größeren
Maschinenanlagen benötigen, soll der Einfachheit halber außer Betracht
gelassen werden. Es ergibt sich nun die Tragfähigkeit als Differenz
vom Deplacement und (Schiffseigengewicht + Maschinengewicht), und

A.
bei verschiedenen Schiffstypen von je 1000 br.r.t. nach nationaler Vermessung.

Wirklich gebrauchter Kohlenraum in cbm.		Wirkl. gebrauch. in r.t.		$\frac{i}{d}$ Wirkl. gebrauch. angerechneter Kohlenbunkerraum	$\frac{k}{d}$	Ladefähigkeit für Atl. in		Ladefähigkeit für K. in		Ladefähigk. n.r.t. für		n.r.t. Ladefähigkeit für		n.r.t. Tragf.	Tragf. n.r.t.
Atl.	K.	Atl.	K.	Atl.	K.	t.	r.t.	t.	r.t.	Atl.	K.	Atl.	K.		
118,9	39,6	42	14,0	0,560	0,187	1109,6	392	1175,6	415	0,505	0,535	1,98	1,87	1,82	0,55
147,0	49,0	51,9	17,3	0,533	0,176	1054,9	372	1136,6	401,5	0,515	0,555	1,94	1,81	1,74	0,575
147,0	49,0	51,9	17,3	0,275	0,091	1054,9	372	1136,6	401,5	0,590	0,635	1,69	1,57	1,51	0,66
206,0	68,5	72,7	24,2	0,605	0,202	928,5	328	1042,9	368	0,520	0,585	1,92	1,71	1,62	0,615
206,0	68,5	72,7	24,2	0,482	0,161	928,5	328	1042,9	368	0,548	0,615	1,83	1,63	1,54	0,65
283,5	94,2	100	33,2	0,444	0,148	732	258	389,5	314	0,607	0,740	1,65	1,35	1,24	0,805
362,5	120,4	128	42,5	0,427	0,142	498	176	699,5	247	0,705	0,990	1,42	1,01	0,89	1,13
477,0	158,5	167,5	56,0	0,447	0,149	153	54	418	147,5	0,720	1,965	1,39	0,508	0,386	2,58
540,0	180,0	190,5	63,5	0,468	0,156	0	0	275	97	—	∞	0	0	0	∞

die Ladefähigkeit aus der Tragfähigkeit nach Abzug des Gewichtes der wirklich gebrauchten Kohlen und der Besatzung. Das letztere kann vernachlässigt werden. Um das Kohlengewicht zu bestimmen, werde angenommen, daß die Schiffe auf atlantischer Fahrt (Atl.) einen Aktionsradius von 3000 sm, diejenigen auf großer Küstenfahrt (K) einen solchen von 1000 sm im Durchschnitt besitzen; das Kohlengewicht ergibt sich dann $= \dfrac{\dfrac{d}{v} \cdot PS_i \cdot k}{1000}$ in t, worin die errechnete Geschwindigkeit in sm pro Stunde und k als Koeffizient gleichmäßig zu 0,75 (0,75 kg Kohlen pro PS_i und Stunde) angenommen ist.

Die Kurven zeigen die allein durch die Prozentregel sich ergebenden Mängel der bestehenden Vermessungsordnung. Der zackige Verlauf der Begrenzungslinien, welche den Unterschied zwischen Ladefähigkeit und Nettoraumgehalt in den dunkler angelegten Flächen und den Unterschied der wirklich benötigten zu den angerechneten Bunkergrößen in den schraffierten Flächen kennzeichnen, würde durch eine gleichmäßig für alle Schiffe ausgeführte Anrechnung von 75 % vom Maschinenraum als Bunkerraum, wie sie in Tafel V auf S. 80 angegeben ist, schon wesentlich gemildert werden.

Tabelle
Vergleichswerte zwischen Trag bzw. Ladefähigkeit und Registertonnage

a	b	c	d	e	a— [c+e]	f	g	h	f— [g+h]	Wirklich gebrauchtes Kohlengew. in t für	
	Maschinenraum in r.t.		Angerechneter Kohlenbunker in r.t	Abzug f. Mannschaften r.t	Deplacement in t	Schiffseigengewicht in t	Maschinengewicht in t		Tragfähigkeit		
br.r.t.	ge-messen	Abzug			n.r.t.				t	r.t.	Atl.	K.
1000	100	100 + 75	75	50	775	2000	700	91,4	1208,6	427	99	33
1000	150	150 + 112,5	112,5	50	687,5	2000	700	142	1158	409	135,7	45,2
1000	200	200 + 150	150	50	600	2000	700	200	1100	388	171,5	57,1
1000	250	250 + 187,5	187,5	50	512,5	2000	700	262	1038	366	202,5	67,5
1000	300	300 + 225	225	50	425	2000	700	332	968	342	236	78,5
1000	400	400 + 300	300	50	250	2000	700	500	800	282	302	100,5
1000	500	500 + 375	375	50	75	2000	700	750	550	194	397	132
1000	543	543 + 407,3	407,3	50	0	2000	700	875	425	150	450	150

Die Tatsache, daß zwischen 13 und 20 % Maschinenraumgröße eine Sparsamkeit in der Maschinenraumanlage keine Reduzierung des Nettoraums und damit der Abgaben nach sich zieht, ist schon häufig[1]) unangenehm aufgefallen, und demgemäß sind die Maschinenraumgrößen nach Möglichkeit gerade über die Grenzwerte von 13 und 20 bzw. 20 und 30 % (für Radschiffe) verlegt.

Seit vielen Jahren sind in der Literatur Daten zu finden, welche die Wirkung der heutigen Schiffsvermessung in Vergleichswerten aus statistischen Zusammenstellungen kennzeichnen wollen. Ein zutreffendes Bild können diese Zahlenwerte nicht immer geben, da sich ihre Errechnung selten auf voll- und gleichwertigem Material aufbaut und manchmal ein einziges Spezialschiff mit abnormen Verhältnissen das Ergebnis aus vielen anderen normalen Schiffen merklich verschiebt. So finden sich denn manche einander widersprechende Daten in den verschiedenen Veröffentlichungen wiedergegeben, und namentlich in den Beratungen der hier wiederholt angezogenen englischen Kommissionen hat sich das Interesse der Reeder vielfach auf die eigenen Wahrnehmungen und Erfahrungen beschränkt, und Vor- bzw. Nachteile eines einzelnen Typs haben dabei in Vergleichsdaten entsprechenden Ausdruck gefunden. In den folgenden Tafeln II bis IV sind nun Verhältniswerte weniger, aber als absolut typisch geltender Fahrzeuge,

---

[1]) Vgl. Report of Committee 1906, 50—1494.

B.
bei verschiedenen Schiffstypen von je 1000 br.r.t. nach Suez-Vermessung.

Wirklich gebrauchter Kohlenraum in cbm		i/d Wirkl.gebraucht. angerechneter Kohlenbunkerraum	k/d	Ladefähigkeit für Atl. in		Ladefähigkeit für K. in		Ladefähigkeit n.r.t. für		n.r.t. Ladefähigkeit Tragf. für		n.r.t. Tragf.	Tragf. n.r.t.
Atl.	K.	Atl.	K.	Atl.	K.	t	r.t.	t	r.t.	Atl.	K.	Atl.	K.
118,9	39,6	42	14	0,560	0,187	1109,6	392	1175,6	415	0,506	0,535	1,98	1,87	1,82	0,55
163	54,1	57,6	19,2	0,512	0,171	1022,3	361	1112,8	393	0,525	0,572	1,90	1,75	1,68	0,595
206	68,5	72,7	24,2	0,485	0,161	928,5	328	1042,9	368	0,548	0,615	1,83	1,63	1,54	0,65
243	81,2	86	28,7	0,458	0,153	832	294	970,5	342	0,574	0,668	1,74	1,49	1,40	0,715
283,5	94,2	100	33,2	0,445	0,148	732	258	889,5	314	0,607	0,740	1,65	1,35	1,24	0,805
362,5	120,4	128	42,5	0,427	0,142	498	176	699,5	247	0,705	0,990	1,42	1,01	0,89	1,13
477,0	158,5	167,5	56,0	0,447	0,149	153	54	418	147,5	0,720	1,965	1,39	0,508	0,386	2,59
540	180	190,5	63,5	0,468	0,156	∞	∞	275	97	0	0	0	0	0	0

zum Teil solcher einer einzelnen Reederei, zusammengestellt. Aus ihnen lassen sich Schlüsse über die ungleichartige Wirkung der Vermessungsordnung auf die einzelnen Schiffstypen machen, die mit manchen, früher veröffentlichten Wahrnehmungen übereinstimmen und die theoretischen Ausführungen bestätigen. Bei den Schnelldampfern (s. Tafel II) fällt der allgemein hohe Wert des Quotienten $\frac{L.B.H.}{n.r.t.} = 8{,}6$ auf, den schon White[1]) beobachtete und daraus den Schluß zog, daß Schnelldampfer ihre Abgaben nach höherer Taxe leisten müßten. In den übrigen Verhältnissen, Deplacement: br.r.t, Deplacement: n.r.t., Tragfähigkeit: br.r.t., Tragfähigkeit: n.r.t., n.r.t:br.r.t. zeigt sich dagegen immer eine Steigerung in der Reihenfolge Schnelldampfer, Fracht- und Passagierdampfer, Frachtdampfer. Bei den Segelschiffen nimmt n.r.t:br.r.t den höchsten Wert ein. Der Unterschied der Berechnungsergebnisse der nationalen und der Suez-Vermessung ist aus Tafel IX und Tabelle B zu ersehen.

W. Laas gibt in der Zeitschrift „Hansa", Februar 1907, das Durchschnittsverhältnis br.r.t:n.r.t = 1,07 bis 1,29 und für Segelschiffe mit Hilfsmaschinen = 1,18 bis 1,93 an. Nach Ramage[2]) ist für alle Schiffe br.r.t = 2,706 bis 3,49, der letztere Wert wird dabei von

---
[1]) Report of Committee 1906.
[2]) Minimum net register and its effect on design, Institution of Naval Architects 1898.

Küstenfahrern mit hinten liegender Maschine und erhöhtem Quarterdeck erreicht.

Nach Kiaer ist durchschnittlich

$$\frac{n.r.t}{br.r.t} = \frac{63,8}{100}$$ für englische Regel,

$$= \frac{71}{100}$$ für deutsche Regel (altes Verfahren).

Sehr interessant sind auch die Verschiebungen, welche in diesen Verhältniswerten durch die im Laufe der Jahre abgeänderten Vorschriften und Auffassungen bedingt wurden. So[1]) beträgt das Verhältnis von $\frac{n.r.t.}{\text{Ladung in } t}$ = 74,21 im Jahre 1853
= 55,23 im Jahre 1873
= 50,16 im Jahre 1904

und diese abwärts gehende Tendenz der Nettoregistertonnage ist auch von Isakson[2]) dahin berechnet, daß von 1888—1898 $\frac{n.r.t}{br.r.t}$ von 62,6 % auf 61,1 % zurückgegangen ist. Nach dem Bericht der Tonnage-Kommission war eine gleiche Tendenz schon 1881 beobachtet. Während 1 n.r.t früher 27 cwt. Ladung darstellte, betrug letztere 1881 bereits 40 cwt.

Die bestehenden Vermessungsvorschriften vergewaltigen den Konstrukteur, der das Schiff nicht mehr allein nach der Überlegung in bezug auf Sicherheit, Festigkeit und absoluter Wirtschaftlichkeit projektieren kann, sondern die Ausnutzung natürlicher Produktivitätsmöglichkeit den einseitig und willkürlich gezogenen Schranken der die Rentabilität des Betriebes stark und ungleich beeinflussenden Vermessungsvorschriften unterordnen muß.

Die wirkliche Unzulänglichkeit der bestehenden Vermessungsvorschriften wird ferner noch durch die Unklarheiten des Reglements gekennzeichnet. In Einzelfällen zeitigen diese selbst bei den erfahrensten Vermessungsbeamten eine Unsicherheit in der Anwendung und Auslegung, die man an der sehr häufig notwendig werdenden Änderung und Ergänzung der „Erläuterungen" und „Anweisungen" deutlich verfolgen kann. Immer wieder wird es bei solchen Gelegenheiten klar, daß die Vermessungsbestimmungen aus der Anschauungssphäre der Moorsom'schen Zeit heraus entstanden sind und keine allumfassenden und für alle Zeit gültigen

---

[1]) Report of Committee 1906, 2675 ff.
[2]) Vgl. Jahrbuch der Schiffbautechnischen Gesellschaft 1901, S. 422 ff.

Grundregeln enthalten, welche die veränderlichen, dem Fortschritt der Technik und dem allgemeinen wirtschaftlichen Aufschwunge angepaßten und auch schließlich die dem Geschmacke und der Mode unterworfenen Formen und Neugestaltungen des Schiff- und Schiffsmaschinenbaues in sich aufnehmen können. Daraus muß dann jene Unsicherheit entstehen, die sich deutlich bei dem Auftauchen jeder kleinsten Abweichung von der normalen, bisher üblichen Bauweise ausprägt und zu der die Unklarheit des Reglements selbst den ersten Anlaß gibt. Man kann das schon von früheren Raumvermessungsvorschriften her verfolgen, wie schwer sich z. B. seinerzeit die Anerkennung der Doppelboden-Aussonderung durchsetzte, und kann das in neuester Zeit immer wieder an den Verlegenheiten beobachten, in welche die Anwendung neuerer Betriebsformen, der Ersatz der Dampfmaschinen durch Turbinen und Motore oder die Anwendung neuerer Schiffsrumpfkonstruktionen die Vermessungsbehörden setzt. Weder die Vermessungsvorschriften als solche noch die Erläuterungen dazu passen noch zu den Fortschritten der Technik, und so bringt jede Abweichung von einer bisher üblichen Bauweise Verlegenheiten und Unsicherheiten, die erst nach längerer Überlegung und gemeinsamen Beratungen der Vertretungen der einzelnen in Frage kommenden Staaten mit England behoben werden können. Dabei wird der Spielraum, den die Auslegung der Vermessungsvorschriften und Erläuterungen läßt, bis zu einer definitiven Regelung nach Möglichkeit zugunsten des einzelnen Schiffes ausgenutzt. Soweit es sich mit dem Wortlaute der Bestimmungen rechtfertigen läßt, wird also der Nettoraumgehalt so klein wie irgend erreichbar gemacht, selbst auf die Gefahr hin, dabei mit den Gesetzen der Logik in Konflikt zu geraten oder aber früher anerkannte Grundsätze fallen zu lassen. Die vielen Änderungen, welche die Anwendung der Vermessungsordnung im Laufe der Jahre erfahren hat, begünstigen diese Maßnahmen noch beträchtlich. So kann man z. B. beobachten, daß Schiffe, welche durch irgendeinen kleinen Umbau teilweise neu vermessen wurden, eine den bestehenden Vorschriften angepaßten achterlichen Piektank, der nach früher gültigen Auslegungen im Nettoraum verblieb, nachträglich abgezogen erhielten, während ein vorderer Piektank (der früheren Vermessungshandhabung entsprechend) überhaupt nicht im Bruttoraume enthalten war, daß somit diese veränderte Vermessung weder genau in die frühere noch in die jetzt übliche Auslegungs- und Anwendungsart hineinpaßt.

Viele Ungelegenheiten bereitet, wie bereits angedeutet wurde, die Verwendung von Turbinen und noch mehr von Motoren, die mit ihrem geringen Raumbedarf große Mühe haben, bei der Vermessung ihres Antriebraumes die untere Grenze von 13 % vom Bruttoraum zu erreichen. Welcher von Hilfsmaschinen, Apparaten und Zubehörteilen in Anspruch genommene Raum dabei vermessungstechnisch zum eigentlichen Maschinenraum gerechnet werden kann, ist eine Frage, die vorläufig nur von Fall zu Fall zu entscheiden und für deren Erledigung in den meisten Fällen schließlich die Rücksicht auf die Erreichbarkeit der 13 % Grenze ausschlaggebend ist. Daß der Motorraum dabei von der Werft zur Erreichung dieses Zieles vielfach weit über Bedarf groß eingerichtet wird und manchmal besonders ausgedehnte Licht- und Luftschächte erhält, ist selbstverständlich und geschieht naturgemäß zuungunsten des der Ladung verbleibenden Raumes. Gleichzeitig wird durch die unnatürliche Ausdehnung der Motorräume die Sicherheit der Schiffe bei eintretenden Leckagen gefährdet. Die Vermessungsordnung, die für diese Betriebsart der Schiffe nicht mehr stichhaltig ist, zwingt demnach zu Maßnahmen, die sowohl vom technischen wie vom wirtschaftlichen Standpunkte aus absolut verwerflich sind. Fällt bei solchen Motorschiffen der eigentliche zu Wasserballastzwecken benutzte Doppelboden fort, wie es z. B. bei Öldampfern üblich ist, dann ergibt sich daraus eine weitere Schwierigkeit. Ein doppelter Boden besteht bei solchen Schiffen nur im Bereiche des Motorraumes und wird zur Aufnahme des flüssigen Brennstoffes verwendet. Vor und hinter diesem Boden hat das Schiff meist nicht so hoch ragende Bodenstücke ohne Doppelboden. Während also in diesen letzteren Abteilungen die Vermessung des Schiffes bis auf die Bodenwrangen heruntergeführt wird, erstreckt sie sich im Motorraum nur bis auf die Decke des Doppelbodens. Dieser selbst ist dadurch vom Brutto- und Nettoraumgehalte ausgeschaltet. Mit dem Abzuge des Maschinenraumes (= 32 % v. Br.R.G.) wird zugleich eine angenommene Raumgröße für die Kohlen oder in diesem Falle für den an ihre Stelle tretenden flüssigen Brennstoff abgezogen, und da der letztere in dem im Bruttoraume nicht enthaltenen Doppelboden gelagert ist, so wird mithin ein Raum abgezogen, der vorher gar nicht im Bruttoraum eingemessen war. Dies Verfahren verstößt gegen eine bereits vor der Aufstellung des jetzigen Vermessungsverfahrens gültige Regel[1]); ein gleiches Verbot spricht auch die jetzige Ver-

---

[1]) Vgl. S. 62.

messungsordnung im § 14 Absatz 1 aus, worin gesagt wird: „Von dem Br.R.G. kommen zur Bestimmung des N.R.G. in Abzug, jedoch nur dann, wenn diese Abzüge zuvor in den Br.R.G. einvermessen sind, usf." Die Abweichung der Praxis in diesem Falle von der angezogenen Regel ist vielleicht damit zu erklären, daß der Abzug des Heizmaterialraumes kein direkter ist, sondern indirekt mit durch den prozentualen Maschinenabzug bewirkt wird, als eigentlicher Abzug dem Wortlaute nach also nicht in die Erscheinung tritt.

Außer diesen aufgeführten Mängeln und Unsicherheiten in der Auslegung der Vermessungsordnung hat letztere noch weitere kleinere Lücken aufzuweisen, die schon das Ergebnis des Bruttoraumgehaltes, noch mehr aber das des Nettoraumgehaltes unbestimmt machen und der Statistik unzuverlässiges Material liefern.

Unberechtigt ist außerdem die Umständlichkeit, mit welcher verfahren werden muß, um das negativ ausfallende oder nur einige Kubikmeter betragende Endergebnis der Vermessung kleinerer Hafen- und Schleppdampfer zu erhalten, in denen alle kleinen und kleinsten Räume mit allen Winkeln und Ecken eingemessen werden müssen und eingebaute Tanks mit manchmal kaum einem Kubikmeter Inhalt der Aufrechnung nach mindestens 3 Spantinhalten bedürfen. Dies Mißverhältnis von Arbeit zum Nutzen ist in der Hauptsache durch die eingeengten Vorschriften bedingt, welche ohnehin die Vorbildung des technischen Mitgliedes der Schiffsvermessungsbehörde auf eine recht geringe Stufe herabwürdigen und nach der Fassung der Paragraphen eine in handwerksmäßige Schablone sich auflösende einfache Rechenarbeit voraussetzen. Es muß dem schiffbaufachlich vorgebildeten Vermesser ein höchst deprimierendes Gefühl sein, wenn bei der Erläuterung der Querschnittsberechnung in umständlicher Form die Multiplikationen und Summierungen aufgezählt werden, statt daß einfach gesagt wird, „die Berechnung der Querschnitte ist nach Simpson mit so und so vielen Ordinaten mit ganzen (oder halben) Koeffizienten auszuführen", oder wenn zur Kennzeichnung der Vermessungsendpunkte Bezeichnungen gewählt werden, die ein modern gebildeter Schiffbauer sich erst aus der geschichtlichen Entstehung der Verbandteile zurückkonstruieren muß; wenn ferner in der „Instruktion zur Schiffsvermessung" eine Menge Druckerschwärze verschwendet wird, um die Art der Maßaufnahme zu entwickeln, wie sie umständlicher nicht gedacht werden kann und deren peinliche Exaktheit zu der oberflächlichen Abrundung, mit welcher z. B. die Maschinenraumabzüge in der Prozentregel bewirkt werden, in krassem Widerspruche stehen. Vor allem müßte der Gebrauch der jetzt allgemein üblichen technischen Hilfsmittel, des Planimeters und Rechenschiebers, gestattet werden. Wirtschaftlich würde diese Vereinfachung und Modernisierung des Verfahrens einen Gewinn an Produktivität bedeuten. Wenn vom Vermesser wirkliche theoretische und praktische Kenntnisse vorausgesetzt werden, so können nur gutgeschulte Kräfte für diese Tätigkeit gebraucht werden. Ein solcher Vermesser kann aber, weil er in derselben Zeit mehr als sein früherer weniger geschulter Kollege leistet, sein Augenmerk stärker auf den Kern des Verfahrens richten und hier Mängeln und Mißständen abhelfen, statt in spintisierender, geisttötender Schablonenarbeit seine Kräfte zu verbrauchen. Seine Tätigkeit wird sich über das rein Handwerksmäßige erheben und nebenher zu statistischen Aufzeichnungen verwendet werden können, die dem Staate eine Reihe anderer hierzu angestellter Hilfskräfte erspart und letztere für andere nutzbringende Arbeiten frei macht. So steigert die Vereinfachung und Modernisierung des Vermessungsverfahrens, die auf jeden Fall mehr dem Ganzen nützt und gut kontrolliert werden kann, nicht nur die Produktivitätsmöglichkeit, sondern erhöht auch absolut genommen die Produktivität.

2. Die Vermessungsvorschriften für die Fahrt durch den Suezkanal.

Bei der Eröffnung des Suezkanals zeigten gleich große Schiffe verschiedener Staaten so große Ungleichheiten in ihrer Tonnage, daß die Suezkanalgesellschaft sich veranlaßt sah in Gemeinschaft mit einer 1873 nach Konstantinopel berufenen internationalen Kommission über eine selbständige Abgaben-Grundlage aller Schiffe für die Benutzung des Suezkanals zu beraten. Der Erfolg war die Suezregel, die 1904 mit einigen Veränderungen neu herausgegeben wurde. Nach dieser Vorschrift können alle Schiffe im eigenen Lande vermessen werden und erhalten darüber einen nach einheitlichem Muster aufgestellten Meßbrief. Die Suezregel[1]) schließt sich in der Vermessung der Räume unter dem Vermessungsdeck der englisch-deutschen Vermessung jetzt vollständig an. An Aufbauten werden in den Bruttoraumgehalt eingemessen alle gedeckten oder geschlossenen oder mit Vorrichtung zum Verschließen versehenen Räume in dauernd angebrachten Aufbauten, welche mit

---

[1]) Vgl. „Vermessung der Seeschiffe", Ausg. 1908, Berlin, Julius Springer.

festen Schotten umgeben zur Aufnahme von Ladung, Passagieren, Besatzung dienen können oder aber zur Navigierung bzw. Bedienung des Schiffes, zum Eintritt von Licht und Luft in den Maschinenraum oder für die wirksame Tätigkeit der Maschine bestimmt sind. Ferner der Raumgehalt aller Luken und Lukenkappen nach Abzug von $\frac{1}{2}\%$ des Bruttoraumgehalts.

Aufbauten, welche nach der nationalen Messung geschlossen sind, werden auch bei der Suezkanalvermessung immer eingeschlossen.

Für die Möglichkeit der Aussonderung, d. h. der Nichteinmessung von Aufbauten in den Bruttoraumgehalt, wird als Hauptbedingung gestellt, daß in den nach besonderen Aufstellungen bedingt ausschlußfähigen Teilen der Räume weder Waren noch Vorräte irgendwelcher Art gefahren werden.

In dieser Beziehung ist die Suezvorschrift mithin viel logischer als die nationale, nach welcher ausgesonderte Aufbauten wohl Ladung und Kohlen, wenn auch keine Passagiere fahren dürfen.[1])

Eine Übertretung stellt die Suezregel unter strenge Strafe. Und zwar wird der gesamte Inhalt eines ausgeschlossenen Raumes dem Nettoraumgehalte wieder hinzugefügt und kann niemals wieder ausgeschlossen werden, wenn ein Schiff auch nur ein einziges Mal während der Durchfahrt Waren irgendwelcher Art, Kohlen oder Vorräte in einem auch noch so kleinem Teile des bedingt ausgeschlossenen Raumes führt.

Bei der Zusammenstellung dieser bedingt auszuschließenden Aufbauten wird in der Auslegung der Suezvorschriften zwischen isolierten sowie kombinierten Aufbauten und Shelterdecks unterschieden. Unter diesen letzteren versteht man hier entgegen der sonst üblichen Auffassung nichts anderes als einen einzigen, Back, Brücke und Poop vereinigenden, Aufbau.

Zu den isolierten Aufbauten rechnen Poop, Brückenhaus und Back. Das Charakteristische der Isolierung dieser Aufbauten ist, daß die Decks oder die Außenhaut vollständig unterbrochen werden, wobei sich die Trennung, um eine Ausschließung von Teilen dieser Aufbauten überhaupt zu ermöglichen, wenigstens über eine Länge von $\frac{1}{2}$ der Decksbreite erstrecken muß.

Als kombinierte Aufbauten kommen in Betracht: Lange Poop und lange Back. Die erstere ist eine Verbindung im Deck und in der

---

[1]) Vgl. S. 70.

Außenhaut von Poop mit Brückenhaus, die letztere von Back mit Brückenhaus.

Von der isolierten Poop kann der hintere Teil in einer Länge $= 1/10$ der Schiffslänge, diese von Innenkante des Hecks in $1/2$ Poophöhe gemessen, abgezogen werden; vom isolierten Brückenhause der Teil im Bereiche der Maschinen- und Kesselschächte, soweit diese nicht über die Begrenzungsschotte vom Kessel- und Maschinenraum hinausragen, selbst wenn sie durch einen Zwischenraum voneinander getrennt werden. Natürlich dürfen diese Schächte dem Maschinenraum nun nicht mehr zugerechnet werden.

Von der isolierten Back kann der vordere Teil in einer Länge $= 1/8$ der Schiffslänge, die von der inneren Fläche des Vorstevens in der halben Backhöhe gemessen wird, ausgeschlossen werden.

In allen drei Aufbauten können außerdem noch diejenigen Teile, die im Bereich von nicht mit Verschlußvorrichtungen versehenen Öffnungen in der Außenhaut des Schiffes liegen, ausgesondert werden, sofern die Öffnungen auf beiden Schiffsseiten genau gegenüber liegen.

Bei den kombinierten Aufbauten sind im Bereiche der Schächte dieselben Aussonderungen wie bei isolierten Aufbauten gestattet, dagegen fallen für die zusammengezogenen Teile die übrigen Vergünstigungen des Ausschlusses der einzeln gelegenen fort, also des hinteren Teiles der Poop und des vorderen der Back. Ist der dritte Aufbau dieser Schiffe freiliegend, so erhält er die letzterwähnten Aussonderungen.

Im Shelterdeck werden gleichfalls nur die Teile im Bereiche der mit Schließvorrichtungen versehenen Öffnungen von der Vermessung ausgeschlossen, während Licht- und Luftschächte der Maschinen- und Kesselräume eingemessen und mit letzteren wieder unter Zuschlag von 75 % abgezogen werden.

Wird in einem Aufbauschotte, das mindestens $1/2$ der Decksbreite von anderen Aufbauten getrennt ist, eine Öffnung ohne Verschlußvorrichtung von einer Breite von mindestens der halben Decksbreite angeordnet, so kann von ihm ein Raum zwischen dem Schott und einer in $1/2$ Decksbreite gezogenen Parallelen ausgesondert werden, vorausgesetzt, daß dieser Teil keine anderen Güter als Decksgüter schützen kann.

Liegen über einem oder mehreren Aufbauten der oben erwähnten Art noch weitere Aufbauten, so können sie nur diejenigen Teile ausgesondert erhalten, welche sich im Bereiche von nicht mit Schließvorrichtungen versehenen Schottöffnungen und im Bereiche der sich rechtwinklig gegenüberliegenden Schiffsseitenwände befinden.

Bei allen diesen ausgesonderten Teilen wird vorausgesetzt, daß sie auf keinen Fall geschlossene Räume oder Teile davon enthalten.

Unterschiedlich von der nationalen Vermessung werden auch die auf dem obersten Deck befindlichen Kochhäuser, Klosetts, Ruder- und Hilfsmaschinenräume behandelt, die in den Bruttoraumgehalt eingemessen werden müssen. Kappen und Häuser über den Niedergängen einschl. unmittelbar darunter befindlicher Treppenräume, sowie Oberlichte für Tanks, Klosetts und Licht- und Luftschächte für Gänge und Küchen können ausgesondert werden, wenn sie sich in nicht von Bord zu Bord reichenden Aufbauten befinden; ebenso Licht- und Luftschächte über Salons auch in Aufbauten, die von Bord zu Bord reichen.

Abgezogen werden können alle Räume, die von der angemusterten Schiffsbesatzung zum Wohnen benutzt werden und die mit der Navigierung des Schiffes in Verbindung stehen. Für den Schiffsführer ist ein besonderer Raum nicht abzugsfähig, ebensowenig für die Stewards zur Bedienung der Passagiere und die Passagierköche. Küchen können nur dann abgezogen werden, wenn sie der Besatzung allein, wenn auch mit Einschluß des Schiffsführers Speisen liefern, und ebenso dürfen abgezogene Badezimmer, Waschräume und Messen ausschließlich nur für den Gebrauch der Besatzung bestimmt sein. Der Gesamtabzug dieser Räume darf höchstens $1/_{20}$ des Bruttoraumgehaltes betragen.

Alle abgezogenen Räume müssen die Bezeichnung ihrer Verwendung und außerdem ein Schild mit der Aufschrift:

„Abgezogen für die Suezkanalfahrt"

tragen.

Zu den Maschinenräumen sind nur die frei und offen im Kessel- und Maschinenraum gelegenen Räume für Hilfsmaschinen zu rechnen, ferner Licht- und Luftschächte, soweit ihre Einvermessung durch die Behandlung der Aufbauten bedingt ist. Der Abzug der Maschinen-, Kessel- und Kohlenräume kann auf zweifache Weise erwirkt werden:

1. auf Grund einer wirklichen Vermessung aller abzugsfähigen Räume,
2. nach der sogenannten Donauregel, nach welcher der Abzug für die Kohlenbunker in Gestalt eines Prozentsatzes (75 bei Schraubendampfschiffen und 50 bei Räderdampfschiffen) von der sonstigen Maschinen- und Kesselraumgröße erfolgt.

Der Gesamtinhalt aller Maschinen-, Kessel- und Kohlenräume darf,

Schleppdampfer ausgenommen, die Hälfte des Bruttoraumgehaltes des Schiffes nicht übersteigen.

Beim Vergleich der Suezvorschriften mit den englisch-deutschen ergibt sich eine Reihe von Vorzügen der ersteren vor den nationalen Vermessungen. Allerdings bildet auch in den Suezvorschriften die Raum- und nicht die Gewichtsgröße der aufzunehmenden Ladung das Ziel der Vermessung. Aber dieser Raum ist nicht durch weitgehende und unberechtigte Ausschlüsse einzelner Aufbauten so unsicher und schwankend festgelegt und kann demgemäß bei gleich tragfähigen Schiffen nicht solche weit voneinander abweichenden Bruttoergebnisse liefern wie bei der nationalen Vermessung. Da Grenzwerte im Verhältnis des Maschinenraums zum Bruttoraum für die Berücksichtigung der Maschinenraumabzüge nicht bestehen, so fallen auch die Einschlußmöglichkeiten einzelner sonst unberücksichtigt bleibender Schächte usw. bei an den Grenzen liegenden Maschinenraumgrößen zugunsten einer kleineren Nettotonnage weg, und der Bruttoraumgehalt gibt ein viel bestimmteres Maß der vorhandenen Räume. Und aus gleichen Gründen zeigt das Verhältnis von Tragfähigkeit zum Nettoraumgehalt weniger Sprünge. Bei dem Vergleich der für theoretische Fälle berechneten Abzugsmöglichkeiten von Schiffen mit gleichem Bruttoraumgehalt ergeben die Kurven daher einen weit regelmäßigeren Verlauf. (Vgl. Tafel V.)

Mit der Anwendung der fast immer günstiger wirkenden und darum auch stets bevorzugten Donauregel wird allerdings auch mit der Suezregel auf den verschiedenartigen Bedarf von Kohlen bei den einzelnen Schiffen keine Rücksicht genommen, und darum bleibt die Begünstigung der Küstenfahrer gegenüber den Ozeanschiffen auch hier bestehen. Daß diese Küstendampfer wirtschaftlich gegenüber den Schiffen der langen Fahrt benachteiligt sind, weil sie häufiger Häfen aufsuchen und deshalb verhältnismäßig höhere Betriebs- und Unterhaltungskosten zu leisten haben, könnte allerdings dieser Begünstigung einen Schein der Berechtigung geben. Indessen andererseits ist das Maß dafür doch zu willkürlich gewählt und gleicht die wirtschaftlich ungünstige Lage der Küstenfahrer nicht ausreichend — weder theoretisch noch praktisch — aus. Diese Ungerechtigkeit in der Behandlung der beiden Schiffstypen der Küstenfahrer und Ozeanschiffe verliert übrigens dadurch für die Suezvermessung an Bedeutung, daß Küstenschiffe nur selten im Suezkanal anzutreffen sind.

Unvorteilhaft ist an der Suezregel unbedingt die Umständlichkeit in der Festlegung der bedingt auszuschließenden Aufbauten. Das ist übrigens ein Nachteil, den eine Vermessung nach Raum wohl kaum umgehen kann. In der richtigen Bewertung der verschiedenen Arten von Aufbauten für die Ertragsmöglichkeit eines Schiffes wird man hierbei immer auf Schwierigkeiten stoßen.

Im ganzen muß man aber der Suezvermessung viele Vorzüge vor der nationalen Vermessung zugestehen. Das zeigt sich schon in dem gesunderen Verhältnis der Netto- zur Bruttotonnage, das durch die Kurven (s. S. 80) deutlich gekennzeichnet wird. Vor allem ist an den Suezvorschriften das Verbot der Führung von Ladung in ausgesonderten Aufbauten als ein wichtiger Schritt auf dem Wege zu bezeichnen, der weiteren unlauteren Ausnutzung ertragsfähiger Aufbauten auf Kosten des die Abgabenquote bedingenden Nettoraumgehaltes Einhalt zu gebieten.

C. Vermessungsbeispiele.

a) für die nationale Vermessung.¹) (Vgl. Tafel VI bis IX.)

Eigentümer: *C. Müller & Sohn, Reederei, Kiel.*
(Name u. Wohnort)

Protokoll über die auf Grund der Schiffsvermessungsordnung vom 1. März 1895 nach dem vollständigen Verfahren vorgenommene Vermessung des nachstehend bezeichneten Schiffes.

Schiffsbeschreibung:

Schiffsgattung: *Schraubendampfer*
Namen des Schiffes: *Kiel*
Unterscheidungs-Signal: *Q. P. H. J.*
Nationalität: *deutsch*
Heimatshafen: *Kiel*
Erbauer: *Howaldtswerke, Kiel*
Monat und Jahr des ersten Stapellaufs:
    1912 August
Erbauungsort: *Kiel*
Baumaterial: *Stahl*
Bauart: *Gewöhnliches Spantensystem;
    durchweg mit Doppelboden*
Anzahl der Decks: *1*

Verlauf des obersten Decks: *In einer Flucht*
Anzahl der wasserdichten Querschotten unter und über dem Vermessungsdeck: *5*
Anzahl der Wasserballastbehälter mit Ladeluken: —
Wegerung: *Im Boden vollgewegert; an den Seiten mit Holz ausgelattet*
Form des Bugs: *steil*
Form des Hecks: *elliptisch*
Anzahl der Schornsteine: *1*
Anzahl der Masten: *2*
Takelung: *Schoner.*

Anmerkung: Bei der Ausfüllung der vorstehenden Schiffsbeschreibung ist nachstehendes anzugeben:
1. Schiffsgattung, ob Schraubendampfer — Doppelschraubendampfer — Raddampfer — sonstige Motoren usw., ob Segelschiff — Leichter (geschleppte Schiffe) usw.;
2. Baumaterial, ob Eisen — Stahl — Holz — Komposit;
3. Bauart, ob Karveel — Klinker (nur bei Holzschiffen anzugeben) — Querspanten — Längsspanten usw. — durchweg mit Doppelboden — teilweise mit Doppelboden — mit Seitentanks — mit Toppseitentanks;
4. Verlauf des obersten Decks, ob in einer Flucht oder in gebrochener Linie;
5. Art der Wegerung, ob vollgewegert — im Boden vollgewegert und an den Seiten mit Holz oder Eisen ausgelattet — nur im Boden vollgewegert;
6. Form des Bugs, ob einfallend — steil — überfallend — mit Gallion — mit eingebautem Gallion;
7. Form des Hecks oder des Spiegels, ob rund — elliptisch — kuffartig— platt — leicht gerundet.

Identitätsmaße.

1. Die **Länge** des Schiffes zwischen der hinteren Fläche des Vorderstevens bis zur hinteren Fläche des Hinterstevens (bei Schiffen mit Patentruder bis zur Mitte des Ruderherzens) auf dem obersten festen Deck beträgt   64,21 m
2. Die größte **Breite** des Schiffes zwischen den Außenflächen der Außenbords-Bekleidungen oder der Berghölzer . . . .   10,04 m
3. Die **Tiefe** des Schiffsraumes zwischen der Unterkante des obersten festen Decks und der Oberkante der Bodenwrangen neben dem Kielschwein, bzw. der oberen Fläche des inneren eisernen Doppelbodens, wo ein solcher vorhanden ist, in der Mitte der nach 1 ermittelten Länge beträgt . . . .   4,43 m
4. Die größte Länge des **Maschinenraumes** einschließlich der etwa vorhandenen festen Kohlenbehälter zwischen den diese Räume begrenzenden, von Bord zu Bord reichenden Schotten beträgt . . . .   19,12 m

Angaben über Deplacement.

Deplacement bis zu ¼ der Tiefe vom obersten Deck an der Seite beim mittelsten Querschnitt bis Unterkante Kiel . . . . 1660 Tonnen	Deplacement für 1 cm Tiefertauchung in dieser Höhe . . . . 5,2 Tonnen.

Angaben über Maschinen und Kessel.

	Anzahl	Beschreibung	Baujahr	Erbauer	Anzahl und Durchmesser der Zylinder	Hub	Indizierte Pferdestärke und Geschwindigkeit
Maschine	1	3zyl. Expansionsmaschine	1912	Howaldtswerke	3 Zylinder: 475 × 750 × 1240	850 mm	854 PS. 11 kn.
Kessel	2	Eisen oder Stahl: Stahl Überdruck: 11	1912	Howaldtswerke			

Raum unter dem Vermessungsdeck.

Dicke des Vermessungsdecks . . 0,008 m

Abzüge von der gemessenen (oder Brutto-) Länge des Vermessungsdecks . . . . .

{ Fall des Vordersteven (Bugs) in der Dicke des Decks. . . . .   0,00 m
   Fall des Heckstützens (Hecks) in der Dicke des Decks . . . .   0,00 m
   Fall des Heckstützens (Hecks) in ⅓ der Deckbalkenbucht . . . . .   0,00 m

Summe der Abzüge   0,00 m

Die gemessene (oder Brutto-) Länge des Vermessungsdecks beträgt . . . .   64,32 m
Summe der Abzüge . . . .   0,00 m

Die in Rechnung zu nehmende (Netto-) Länge beträgt daher . . . . .   64,32 m
und ist nach § 6 Abs. 3 der Schiffsvermessungsordnung in 10 gleiche Teile zu teilen.

Der gemeinsame Abstand der aufzunehmenden Querschnitte voneinander beträgt daher   6,432 m

Nr. der Querschnitte	1.	2.	3.	4.	5.	6.
Tiefe ohne Abzüge	0	5,38	5,03	4,75	4,60	4,47
Deckbalkenbucht		0,06	0,15	0,17	0,19	0,20
⅓ Deckbalkenbucht		0,02	0,05	0,057	0,063	0,067
Mittlere Dicke der Bodenwegerung		0,10	0,10	0,10	0,10	0,10
Summe der Abzüge		0,12	0,15	0,157	0,163	0,167
In Rechnung zu nehmende Tiefe der Querschnitte	0	5,260	4,880	4,593	4,437	4,303

Da die Tiefe im mittelsten Querschnitt 4,303 m beträgt,

Gem. Abst. der Breiten voneinander			1,315	1,220	1,148	1,109	1,076
Nr. d. Breiten	Multiplikator		Breite Produkt	Breite Produkt	Breite Produkt	Breite Produkt	Breite Produkt
1.	½		6,34 3,17	8,24 4,12	9,10 4,55	9,52 4,76	9,68 4,84
1.	2		5,60 11,20	7,90 15,80	8,98 17,96	9,52 19,04	9,68 19,36
3.	1		4,84 4,84	7,48 7,48	8,83 8,83	9,52 9,52	9,68 9,68
4.	2		3,97 7,94	6,90 13,80	8,55 17,10	9,47 18,94	9,65 19,30
5.	½		2,57 1,29	5,75 2,88	7,80 3,90	8,95 4 48	9,30 4,65
Summe der Produkte			28,44	44,08	52,34	56,74	57,83
⅓ des gem. Abst. der Breiten voneinander			0,438	0,407	0,383	0,370	0,359
Summe der Produkte × ⅓ des gem. Abst. der Breiten = ½ Flächeninhalt der Querschnitte in qm		0	12,457	17,941	20.046	20,994	20,703
½ Flächeninhalt dividiert durch 2,5 und abgerundet auf 2 Dezimalen		0	4,98	7,18	8,02	8,40	8,28

Auf-

1. Raum	Länge (L) = 10,87 m	Breite	Multiplikator	Produkt
Quarterdeckajüte	½ L = gem. Abst. d. Breiten 5,435 m	9,24	½	4,62
(Poop)	⅓ gem. Abst. d. Breiten = ⅓ L 3,623 m	8,06	2	16,12
	Höhe = 2,10 m	6,36	½	3,18

Summe d. Produkte = 23,92

Summe d. Produkte × ⅓ Länge × Höhe = Inhalt 181,990 cbm

— 93 —

7.		8.		9.		10.		11.		Berechnung des Inhalts des Raumes			
4,42		4,42		4,37		4,32		0		Nr. der Querschnitte	Multi-plikator	$^1/_2$ Inhalt der Querschnitte in qm	Produkt
0,20		0,19		0,17		0,08							
0,067		0,063		0,057		0,027							
0,00		0,10		0,10		0,00							
0,067		0,163		0,157		0,027				1.	½	0	0
										2.	2	12,457	24,914
4,353		4,257		4,213		4,293				3.	1	17,941	17,941
										4.	2	20,046	40,092
so wird jede Tiefe in 4 gleiche Teile geteilt.											5.	1	20,994	20,994
										6.	2	20,703	41,406
										7.	1	20,865	20,865
1,088		1,064		1,053		1,073				8.	2	19,788	39,576
										9.	1	16,795	16,795
Breite	Produkt	Breite	Produkt	Breite	Produkt	Breite	Produkt	Breite	Produkt	10.	2	10,719	21,834
9,66	4,83	9,54	4,77	9,10	4,55	8,20	4,10			11.	½	0	0
9,66	19,32	9,55	19,10	8,94	17,88	6,96	13,92			Summe der Produkte			
9,66	9,66	9,55	9,55	8,44	8,44	5,14	5,14					=	244,021
9,57	19,14	9,20	18,40	7,26	14,52	3,08	6,16						
9,06	4,53	7,84	3,92	4,91	2,46	1,24	0,62			⅓ des gem. Abst.			
	57,48		55,74		47,85		29,94			der Querschnitte			
										voneinander		=	2,144 m
0,363		0,355		0,351		0,358				Summe der Produkte × ⅓ des gem. Abst. der Querschnitte × 4			
										= Inhalt 2092,724 cbm			
20,865		19,788		16,795		10,719		0					
8,35		7,92		6,72		4,29		0					

bauten.

2. Raum
Back

| Länge (L) = ... 12,30 m |
| ½ L = gem. Abst. d. Breiten . 6,150 m |
| ⅓ gem. Abst. d. Breiten = ⅓ L 4,100 m |
| Höhe = ... 2,08 m |

Breite	Multi-plikator	Produkt
0,00	½	0,00
7,30	2	14,60
8,73	½	4,37

Summe d. Produkte = 18,97
Summe d. Produkte × ⅓ Länge × Höhe = Inhalt . 161,776 cbm
davon Aussonderungen (s. S. 95) . . . . 48,161 cbm
113,615 cbm

Aufbauten.

3. Raum Räume unter dem Brückendeck		Breite	Multi-plikator	Produkt
Länge (L) = ... 20,10 m				
½ L = gem. Abst. d. Breiten . 10,05 m		9,58	½	4,79
⅔ gem. Abst. d. Breiten = ⅓ L 6,70 m		9,60 ·	2	19,20
Höhe = ... 2,06 m		9,56	½	4,78

$$\text{Summe d Produkte} = 28{,}77$$

Summe d. Produkte × ⅓ Länge × Höhe = Inhalt   397,084 cbm
davon Aussonderungen (s. S. 95) 153,580 cbm
                                                        ―――――――
                                                        243,504 cbm

Aufbauten und Zusammenstellung.

Nr. des Raumes	Bezeichnung	Länge m	Breite m	Fläche qm	Höhe m	Inhalt[1] cbm	Inhalt[2] cbm	Inhalt[3] cbm
	Raum unter dem Vermessungsdeck	(Berechnung s. S. 93)						2092,724
1	Quarterdeckkajüte	(Berechnung s. S. 92)						181,990
2	Back	(Berechnung s. S. 93)						113,615
3	Raum unter dem Brückendeck	(Berechnung s. S. 94)						243,504
4	Hütte auf dem Promenadendeck	20,65 × 7,80	= 161,070	× 2,15	346,301		
	davon Aussonderung Treppenhaus, R 12					36,361	309,940	
5	Hütte über der Poop (Rauchsalon)	5,24 × 3,90 =	20,436	× 2,15	43,937		
	davon Aussonderung Lichtschacht R 13					3,225	40,712	
	Auf dem Bootsdeck:							
6	Treppenhaus teilweise Hütte	1,70 × 5,55 =	9,435	× 2,15		20,285	
7	Kapitäns- und Kartenhaus	4,75 × 3,90 =	18,525	× 2,15		39,829	
8	Aufbau überm Maschinenschacht	3,88 × 3,95 =	15,326	× 0,51		7,816	
9	Aufbau überm Maschinenschacht	4,20 × 3,95 =	16,590	× 0,82		13,604	
10	Maschinenoberlicht ⌒	3,50 × 2,30 =	8,050	× 0,55		4,428	436,614
	Gesamtinhalt der Räume unter Deck und der Aufbauten:							3068,447
11	Ladeluke achtern	4,19 × 2,99 =	12,528	× 0,80	10,022		
12	Ladeluke vorne	7,79 × 2,99 =	23,292	× 0,80	18,634	28,656	
	½% des Gesamtinhalts der Räume unter Deck und Aufbauten beträgt:						15,342	
	Nach § 13 Ab der Schiffsvermessungs-ordnung kommt der Raumgehalt der Ladeluken daher mit:							
	in Anrechnung							13,314
	Daher Bruttoraumgehalt:							3081,761

[1]) Inhalt einzelner Teile der Räume.   [2]) Endgültiger Inhalt der einzelnen Räume.   [3]) In diese Rubrik sind die Inhalte der Räume derart zusammenzufassen, wie es für eine direkte Übertragung der einzelnen Positionen der „Ergebnisse der Vermessung" erforderlich ist.

— 95 —

...erechnung derjenigen Räume in Aufbauten, die vom Bruttoraumgehalt auszusondern sind.

Raums	Bezeichnung		Länge m	Breite m	Fläche qm	Höhe m	Einzel-inhalt cbm	Gesamt-inhalt cbm
1	Küche im Br.R. 2 auf B.B.		1,20 ×	1,88 =	2,256 ×	2,08 =	4,692	
2	Küche im Br.R. 2 auf B.B.		2,40 ×	1,63 =	3,912 ×	2,08 =	8,137	
3	Wasserklosett im Br.R. 2 auf St.B. für Mannschaft		1,20 ×	1,78 =	2,136 ×	2,08 =	4,443	
4	Freies Deck im Br.R. 2		3,00 ×	4,95 =	14,850 ×	2,08 =	30,888	48,161
5	Küche im Br.R. 3 mittschiffs		2,10 ×	4,00 =	8,400 ×	2,06 =	17,304	
6	W.Kl. im Br.R. 3 auf B.B. für Offiziere		0,90 ×	2,00 =	1,800 ×	2,06 =	3,708	
7	2 Längsgänge im Br.R. 3	2×	20,10 ×	1,00 =	40,200 ×	2,06 =	82,812	
8	1 Quergang im Br.R. 3		0,60 ×	1,80 =	1,080 ×	2,06 =	2,225	
9	5 Quergänge im Br.R. 3	5×	0,90 ×	1,80 =	8,100 ×	2,06 =	16,686	
10	2 Niedergänge im Br.R. 3	2×	1,65 ×	1,10 =	3,630 ×	2,06 =	7,478	
11	1 Quergang im Br.R. 3		1,10 ×	4,00 =	4,400 ×	2,06 =	9,064	
11a	Dampfsteuer im Br.R. 3		1,74 ×	3,99 =	6,943 ×	2,06 =	14,303	153,580
12a	Treppenhaus im Br.R. 4 teilweise		2,80 ×	3,99 =	11,172 ×	2,15 =	24,020	
12b	Treppenhaus im Br.R. 4 teilweise		1,40 ×	4,10 =	5,740 ×	2,15 =	12,341	36,361
13	Lichtschacht im Rauchsalon im Br.R. 5		1,00 ×	1,50 =	1,500 ×	2,15 =		3,225

Maschinen- und Kesselräume.

Raums	Bezeichnung	Länge m	Breite m	Fläche qm	Höhe m	Einzel-inhalt cbm	Gesamt-inhalt cbm
1	Maschinenraum und Bunker	6,59 ×	9,62 =	63,396 ×	4,32 =	273,871	
	davon ab Bunker St.B.	5,39 ×	1,82 =	9,810 ×	4,24 =	41,594	232,277
2	Kesselraum	5,99 ×	9,60 =	57,504 ×	4,42 =		254,168
3	Maschinenschacht, Teil a und Dampfsteuer	4,29 ×	3,99 =	17,117 ×	2,06 =	35,261	
	Maschinenschacht, Teil b im Brückenhaus	1,70 ×	1,80 =	3,060 ×	2,06 ×	6,304	41,565
4	Maschinenschacht in der Hütte auf dem Promenadendeck	4,00 ×	3,99 =	15,960 ×	2,15 =		34,314
5	Maschinenoberlicht und Aufbau (Berechnung s. R. 9 u. 10 auf S. 94)						18,032
6	Kesselschacht im Brückenhaus	3,90 ×	3,99 =	15,561 ×	2,06 =		32,056
7	Kesselschacht in der Hütte auf dem Promenadendeck	3,83 ×	3,99 =	15,282 ×	2,15 =		32,856
8	Kesselschachtaufbau auf dem Bootsdeck (Berechnung s. R. 8 auf S. 94)						7,816
9	Drucklagerraum	1,80 ×	1,85 =	3,330 ×	2,56 =		8,525
10	Wellentunnel Eingang R. a	1,80 ×	0,80 =	1,440 ×	2,56 =	3,686	
	Wellentunnel Eingang R. b	1,20 ×	0,65 =	0,780 ×	1,95 =	1,521	
	Wellentunnel Raum c	10,24 ×	1,18 =	12,083 ×	1,86 =	22,474	
	Wellentunnel Raum d	3,56 ×	2,30 =	8,188 ×	2,00 =	16,376	44,057
11	Gang zum Reservebunker	6,59 ×	1,18 =	7,776 ×	1,80 =		13,997
12	Ventilraum im Brückenhaus	1,42 ×	1,90 =	2,698 ×	2,06 =		5,558
							725,221

Der ausschließlich von der Maschine und den Kesseln eingenommene und für die wirksame Tätigkeit derselben bestimmte Raum beträgt daher in Prozenten des Bruttoraumgehalts: . . . . $\frac{725{,}221 \times 100}{3081{,}761} = 23{,}857\%$

— 96 —

Räume für Wasserballast, zum Gebrauch der Schiffsmannschaft, zur Navigierung des Schiffes und für den Schiffsführer.

21. Raum *Vorderer Piektank*

Innere mittlere Länge = ...	6,20 m
dividiert durch 2, gem. Abst. der Querschnitte voneinander = ..	3,10 m

Nummer der Querschnitte ..	1.	2.	3.
Tiefe ohne Abzüge			
Abzüge			
In Rechnung zu nehmende Tiefe	0,00	3,40	3,20

Da die Tiefe im Mittelquerschnitt 3,40 m beträgt, so wird jede Tiefe in 4 gleiche Teile geteilt.

Gem. Abst. der Breiten voneinander		0		0,850		0,800	
Nummer der Breiten	Multiplikator	Breite	Produkt	Breite	Produkt	Breite	Produkt
1.	½			2,78	1,39	5,21	2,61
2.	2			2,45	4,90	4,72	9,44
3.	1			2,04	2,04	4,10	4,10
4.	2			1,69	3,38	3,43	6,86
5.	½			1,18	0,59	2,40	1,20
6.							
7.							
Summe der Produkte				12,30		24,21	
⅓ des gem. Abst. der Breiten .				0,283		0,267	
Summe der Produkte × ⅓ des gem. Abst. der Breiten = ½ Inhalt d. Querschnitte in qm		0		3,481		6,464	

Nummer d. Querschnitte	Multiplikator	½ Inhalt der Querschnitte in qm	Produkt
1.	½	0	0
2.	2	3,481	6,962
3.	½	6,464	3,232

Summe der Produkte =.................	10,194 m
⅓ des gem. Abst. der Querschnitte voneinander	1,033 m
Summe der Produkte × ⅓ des gem. Abst. der Querschnitte × 4 = Inhalt	42,120 cbm

		Breite	Multi-plikator	Produkt
1. Raum *Heizer* in der Back St.B.	Länge (L) = ... 5,94 m			
	½ L = gem. Abst. d. Breiten = ... 2,97 m	0,95	½	0,48
	²/₃ gem. Abst. d. Breiten = ⅓ L ...... 1,980 m	2,55	2	5,10
	Höhe = ... 2,08 m	3,28	½	1,64

Summe der Produkte = 7,22
Summe d. Produkte × ⅓ Länge × Höhe = Inhalt 29,736 cbm

2. Raum *Matrosen wie Heizer*

		Breite	Multi-plikator	Produkt
16. Raum *3 Köche, 1 Steward in der Prop, St.B.*	Länge (L) = ... 2,86 m			
	½ L = gem. Abst. der Breiten .... 1,43 m	1,83	½	0,915
	²/₃ gem. Abst. d. Breiten = ⅓ L ...... 0,953 m	1,74	2	3,480
	Höhe = ... 2,10 m	1,54	½	0,770

Summe der Produkte = 5,165
Summe der Produkte × ⅓ Länge × Höhe = Inhalt 10,336 cbm

		Breite	Multi-plikator	Produkt
17. Raum *4 Boys in der Poop St.B.*	Länge (L) = ... 4,50 m			
	½ L = gem. Abst. der Breiten .... 2,25 m	1,54	½	0,77
	²/₃ gem. Abst. d. Breiten = ⅓ L ...... 1,50 m	1,42	2	2,84
	Höhe = ... 2,10 m	0,86	½	0,43

Summe der Produkte = 4,04
Summe der Produkte × ⅓ Länge × Höhe = Inhalt 12,726 cbm

		Breite	Multi-plikator	Produkt
18. Raum *Bootsmanns-vorräte vor dem Kollisionsschott*	Länge (L) = ... 3,48 m			
	½ L = gem. Abst. der Breiten .... 1,74 m	0,00	½	0,00
	²/₃ gem. Abst. d. Breiten = ⅓ L ...... 1,160 m	1,74	2	3,48
	Höhe = ... 2,18 m	2,69	½	1,35

Summe der Produkte = 4,83
Summe der Produkte × ⅓ Länge × Höhe = Inhalt 12,215 cbm

— 98 —

Nr. des Raumes	Bezeichnung	Länge m	Breite m	Fläche qm	Höhe m	Inhalt cbm[1]	Inhalt cbm[2]	Inhalt cbm[3]
1	In der Back: Heizer	(Berechnung s. S. 97)				29,736		
2	Matrosen	(Berechnung s. S. 97)				29,736		
3	Waschraum für Heizer, St.B.	2,34 × 1,46 =		3,416	× 2,08	7,105		
4	Waschraum f. Matrosen B.B.	1,16 × 1,66 =		1,926	× 2,08	4,006		
5	Zimmermann	1,66 × 1,86 =		3,088	× 2,08	6,423		
6	Gang	4,30 × 0,86 =		3,698	× 2,08	7,692		
14	Im Brückenhause: 4 Stewards	2,47 × 1,77 =		4,372	× 2,06	9,006		
16	In der Poop: 3 Köche, 1 Steward	(Berechnung s. S. 97)				10,336		
17	4 Boys	(Berechnung s. S. 97)				12,726	116,766	
8	Im Brückenhause: 2. Steuermann	2,84 × 1,77 =		5,027	× 2,06	10,356		
9	Bad für Offiziere	2,10 × 1,80 =		3,780	× 2,06	7,787		
10	2. Maschinist	2,22 × 1,77 =		3,929	× 2,06	8,094		
11	3. Maschinist	2,00 × 1,74 =		3,480	× 2,06	7,169		
12	1. Maschinist	2,82 × 1,77 =		4,991	× 2,06	10,281		
13	1. Steuermann	2,80 × 1,78 =		4,984	× 2,06	10,267		
15	Messe für Offiziere	3,47 × 3,95 =		13,707	× 2,06	28,236	82,190	
20	Auf dem Bootsdeck: Kartenhaus	1,76 × 3,90 =		6,864	× 2,15		14,758	
7	In der Back: Bootsmannsvorräte	1,16 × 1,62 =		1,879	× 2,08	3,908		
18	Unter Deck: Bootsmannsvorräte	(Berechnung s. S. 97)				12,215	16,123	
21	Vorderer Piektank	(Berechnung s. S. 96)					42,120	
19	Schiffsführer auf dem Bootsdeck	2,94 × 3,90 =		11,466	× 2,15		24,652	

[1]) Inhalt einzelner Teile der Räume. [2]) Endgültiger Inhalt der einzelnen Räume. [3]) In diese Rubrik sind die Inhalte der Räume derart zusammenzufassen, wie es für eine direkte Übertragung in die einzelnen Positionen der „Ergebnisse der Vermessungen" erforderlich ist.

Ergebnisse der Vermessung.

Brutto-Raumgehalt	cbm	Abzüge	cbm
1. Raum unter dem Vermessungsdeck	2092,724	I. Hinsichtlich der Räume für Treibkraft +75% { 725,221 / 543,916 }	1269,137
2. 1. Zwischendeck			
3. 2. Zwischendeck		II. Mannschafts-, Navigierungs- räume usw.	
4. 3. Zwischendeck		1. Räume für Seeleute, Heizer, Deckoffiziere, Köche, Aufwärter usw.	116,766
5. Quarterdeck-Kajüte oder Achterdeck-Hütte (Poop)	181,990		
6. Back	113,615		
7. Räume unter dem Brückendeck	243,504	2. Räume für Offiziere, Maschinisten usw.	82,190
8. Halbdeck		3. Ruderhäuser, Kartenhäuser usw.	14,758
9. Sonstige Räume	436,614	4. Segelraum	
10. Der in Anrechnung zu bringende Inhalt der Ladeluken	13,314	5. Bootsmannsvorräte	16,123
Brutto-Raumgehalt	3081,761	6. Räume für Wasserballast	42,120
		III. Räume für den Schiffsführer	24,652
		Summe der Abzüge	1565,746

	cbm	Reg.-T.
Brutto-Raumgehalt	3081,761	1087,862
Abzüge	1565,746	552,708
Netto-Raumgehalt ...	1516,015	535,154

Schlußergebnis der Vermessung:

	cbm	Reg.-T.
Brutto-Raumgehalt ...	3081,8	1087,86
Netto-Raumgehalt ...	1516,—	535,15

Bemerkung: Folgende Aufbauten auf bzw. über dem Oberdeck sind als offene Räume angesehen und daher in den Brutto- und Netto-Raumgehalt nicht eingemessen worden:

Brückenhaus . . . . 397,084 cbm
davon sind eingemessen   243,504
dazu bleiben ausgesondert Räume . . R 5   17,304
                                    R 6   3,708
                                    R 11a   14,303
                                                        278,819 cbm

Es bleiben daher ausgesondert: 118,265 cbm
                                                     = 41,748 r.t.

Die Vermessung des Schiffes wurde durch *Neubau* erforderlich.

Der Bau ist beendet; alle Aufbauten auf oder über dem obersten Deck und alle räumlichen Einrichtungen im Innern des Schiffes sind vollendet.

Die vorstehende Vermessung wurde am *18. Dezember 1911* zu *Kiel* begonnen und am *16. August 1912* beendet.

Kiel, den *20. August 1912.*

Die Vermessungsbehörde.

gez. . . . .

---

b) Für die Suezvermessung.

Protokoll

über die auf Grund der Vorschriften, betreffend die Vermessung der Schiffe für die Fahrt durch den Suezkanal vom 30. März 1895 vorgenommene Vermessung des nachstehend bezeichneten *Schraubendampfers*

Namen des Schiffes:	Unterscheidungs- signal:	Heimatshafen:	Im Schiffszertifikat angegebener	
			Nettoraum- gehalt	Bruttoraum- gehalt
			in Registertons	
Kiel	*Q.P.H.J.*	*Kiel*	535,15	1087,86

Nach der Vermessung des Schiffes auf Grund der Schiffsvermessungsordnung vom 1. März 1895 am 20ten *August 1912* zu *Kiel* beträgt der Inhalt:

	cbm	cbm	Registertons
1. Des Raumes unter dem Vermessungsdeck	2092,724	2092,7	738,72
2. Der Räume zwischen dem Vermessungs- deck und dem obersten Deck:			
a) zwischen dem Vermessungsdeck und dem 1. Deck darüber			
b) zwischen dem 1. und 2. Deck über dem Vermessungsdeck			

A. Aufbauten auf oder über dem obersten Deck.

1. Raum Poop mit 2 W.Cl. W.Cl.	2. Raum Back	3. Raum Raum unter dem Brückendeck	4. Raum Hütte auf dem Promenadendeck
Innere mittlere Länge = 0,80 m Innere mittlere Breite = 2,10 m 1,68 m Innere mittlere Höhe = 2,10 m 2 × 3,528 = 7,056 + Poop 181,990	Inhalt 161,776 Freies Deck 30,888	397,084 ab Treppenräume R. 10 7,478	309,940 ab Maschinenschacht R 4 34,314 ab Kesselschacht R 7 32,856 61,170
Inhalt in cbm = 189,046	Inhalt in cbm = 130,888	Inhalt in cbm = 389,606	Inhalt in cbm = 242,770

5. Raum Hütte über der Poop	6. Raum Hütte auf dem Bootsdeck hinten	7. Raum Hütte auf dem Bootsdeck vorne	11. u. 12. Raum Ladeluken
		Innere mittlere Länge = 6,50 m Innere mittlere Breite 3,90 m 585 195 25,350 Innere mittlere Höhe = 2,15 m 12675 2535 5070	
Inhalt in cbm = 40,712	Inhalt in cbm = 20,285	Inhalt in cbm = 54,503	Inhalt in cbm = 28,656

Bemerkung. Der Inhalt eines jeden Raumes, welcher aus dem Hauptprotokoll direkt entnommen werden kann, ist aus demselben ohne nochmalige Berechnung summarisch zu übertragen.

— 101 —

B. Abzüge vom Bruttoraumgehalt.

a) Räume, welche zur Navigierung des Schiffes oder ausschließlich von der Schiffsmannschaft benutzt werden.

1. Raum Heizer	2. Raum Matrosen	3. Raum Waschraum für Heizer	4. Raum Waschraum f. Matrosen
Inhalt in cbm = 29,736	Inhalt in cbm = 29,736	Inhalt in cbm = 7,105	Inhalt in cbm = 4,006
5. Raum Zimmermann	6. Raum Vorraum (Gang) für Mannschaftsraum	8. Raum 2. Steuermann	9. Raum Bad für Offiziere
Inhalt in cbm = 6,423	Inhalt in cbm = 7,692	Inhalt in cbm = 10,356	Inhalt in cbm = 7,787
10. Raum 2. Maschinist	11. Raum 3. Maschinist	12. Raum 1. Maschinist	13. Raum 1. Steuermann
Inhalt in cbm = 8,094	Inhalt in cbm = 7,169	Inhalt in cbm = 10,281	Inhalt in cbm = 10,267
15. Raum Speisezimmer für Offiziere	20. Raum Kartenhaus	21. Raum Ruderhaus auf der Kommandobrücke	22. Raum W.Cl. für Offiziere im Brückenhaus
		Innere mittlere Länge = 1,75 m Innere mittlere Breite = 3,90 m 1575 525 6,825 Innere mittlere Höhe = 2,15 34125 6825 13650	
Inhalt in cbm = 28,236	Inhalt in cbm = 14,758	Inhalt in cbm = 14,674	Inhalt in cbm = 3,708
23. Raum Küche für Besatzung in der Back	24. Raum Küche für Besatzung in der Back	25. Raum W.Cl. für Mannschaft in der Back	26. Raum Dampfsteuerraum im Brückenhaus
Inhalt in cbm = 4,692	Inhalt in cbm = 8,137	Inhalt in cbm = 4,443	Inhalt in cbm = 14,303

b) **Maschinen-, Kessel- und Kohlenräume nach wirklicher Vermessung.**

Die Vermessung der Maschinen-, Kessel- und Kohlenräume ist nach der Donauregel am günstigsten. Der Vermesser.

b) **Maschinen- und Kesselräume nach der Donauregel.**

1. Raum Maschinenraum	2. Raum Kesselraum	Im Brückenhaus	
		3. Raum Maschinenschacht Teil a ohne Dampfsteuer	4. Raum Maschinenschacht Teil b
		Innere mittlere Länge = 2,55 m Innere mittlere Breite = 3,99 m 2295 2295 765 10,175 Innere mittlere Höhe = 2,06 61050 20350	
Inhalt in cbm = 232,277	Inhalt in cbm = 254,168	Inhalt in cbm = 20,961	Inhalt in cbm = 6,304

6. Raum Kesselschacht im Brückenhaus	9. Raum Drucklagerraum	10. Raum Wellentunnel	12. Raum Ventilraum im Brückenhaus
Inhalt in cbm = 32,056	Inhalt in cbm = 8,525	Inhalt in cbm = 44,057	Inhalt in cbm = 5,558

C. Die den Bruttoraumgehalt bildenden Schiffsräume umfassen im einzelnen:

	cbm	cbm	Reg.-Tons
1. Raum unter dem Vermessungsdeck	2092,724	2092,7	738,72
2. Fest angebrachte Aufbauten bzw. gedeckte und geschlossene Räume auf oder über dem obersten Deck, nämlich:			
a) Quarterdeckkajüte oder Achterdeckhütte: 189,046 cbm	189,046		
b) Back- oder Vorderkastell: 130,888 cbm . . .	130,888		
c) Räume unter dem Brückendeck: 389,606 cbm	389,606		
d) Hütten: 242,770 cbm 40,712 cbm .... cbm	283,482		
e) Als Rauchzimmer usw. dienender Teil des Kajütstreppenhauses: Lg. 1,70 × Br. 5,55 × H. 2,15 = 20,285 cbm	20,285		
f) Ruderhäuser, Navigations- oder Kartenhaus, Kesselhaus für die Hilfsdampfmaschine und andere bei der Navigierung des Schiffes benutzte, geschlossene und gedeckte Räume: 54,503 cbm	54,503		
Gesamtinhalt der Räume unter Deck und der Aufbauten	3160,534		
g) Luken und Lukenkappen, nach Abzug von ½ Prozent des Bruttoraumgehalts: 28,656 cbm ½ Prozent des Gesamtinhalts der Räume unter Deck und der Aufbauten $\frac{3160,534 \times \frac{1}{2}}{100} = 15,803$ cbm Da der Inhalt der Luken und Lukenkappen größer ist als ½ Prozent des Gesamtinhalts der Räume unter Deck und der Aufbauten, so kommt derselbe mit 12,853 cbm in Anrechnung	12,853		
Gesamtraum der gedeckten und geschlossenen Räume über dem obersten Deck	1080,663	1080,7	381,49
Bruttoraumgehalt des Schiffes . .		3173,4	1120,21

In diesen Bruttoraumgehalt des Schiffes sind nur die nachstehend näher bezeichneten Räume nicht eingeschlossen:

Maschinenlicht- und Kesselluftschacht in den Aufbauten über dem Brückendeck, sowie Maschinen- und Kesseloberlicht; ferner Treppenhäuser und Treppenraum im und überm Brückendeck und ein Lichtschacht in der Hütte über der Poop, Oberlicht und Aufbauten der Maschinen- und Kesselschächte auf dem Bootsdeck.

D. Abzüge vom Bruttoraumgehalt.

	cbm	cbm	cbm	Reg.-Tons
Übertrag			3173,4	1120,21
I. Für Räume zum Gebrauch der Schiffsmannschaft				
1. Logis der Schiffsmannschaft:				
Seeleute	29,736			
Heizer	29,736			
Waschraum für Heizer	7,105			
Waschraum für Matrosen	4,006			
Vorraum für Mannschaftsraum	7,692			
Oberheizer		78,275		
2. Logis der Schiffsoffiziere				
1. Steuermann.	10,267			
2. Steuermann.	10,356			
		20,623		
1. Maschinist	10,281			
2. Maschinist	8,094			
3. Maschinist	7,169			
		25,544		
Zimmermann	6,423	6,423		
3. Kombüsen, Kochhäuser und Abtritte, ausschließlich zum Gebrauch der Schiffmannschaft:				
Lg. Br. H.				
Auf Deck *Küche für Besatzung* 1,20 × 1,99 × 2,08 =	4,692			
Küche für Besatzung 2,40 × 1,63 × 2,08 =	8,137			
Wasserklosett für Offiziere 0,90 × 2,00 × 2,06 =	3,708			
Wasserklosett für Mannschaft 1,20 × 1,78 × 2,08 =	4,443			
		20,980		
4. Gedeckte und geschlossene Räume auf dem obersten Deck, welche zur Navigierung des Schiffes benutzt werden:				
a) Navigations- oder Kartenhaus 1,76 × 3,90 × 2,15 =	14,758	14,758		
Ruderhaus . . . . 1,75 × 3,90 × 2,15 =	14,674	14,674		
Steuerhaus . . . . 1,74 × 3,99 × 2,06 =	14,303	14,303		
b) Arztkajüte				
Offizierspeisezimmer . . . . 3,47 × 3,95 × 2,06 =	28,236	28,236		
Deckoffizierspeisezimmer				
Badezimmer. . . . . 2,10 × 1,80 × 2,06 =	7,787	7,787		
Summe der Abzüge I		231,603		
$^1/_{20}$ des Bruttoraumgehalts		158,670		
Gesamtabzug für ein Segelschiff . . .			158,7	56,02
Nettoraumgehalt, falls das Schiff ein Segelschiff ist			3014,7	1064,19

	cbm	cbm	cbm	Reg.-Tons
Übertrag			3014,7	1064,19

II. Für Maschinen-, Kessel- und Kohlenraum, falls es sich um ein Dampfschiff handelt.

		cbm
Raum *Maschinenraum*		232,277
„ *Kesselraum*		254,168
a. „ *Maschinenschacht im Brückenhaus*		20,961
b. „ *Maschinenschacht im Brückenhaus*		6,304
„ *Kesselschacht*		32,056
„ *Drucklagerraum*		8,525
„ *Wellentunnel*		44,057
„ *Ventilraum im Brückenhaus*		5,558
Summe der Abzüge II		603,906

Nettoraumgehalt des Dampfschiffes nach wirklicher Vermessung . . . .

der (2) nach der Donauregel:

a) Maschinen-usw.-Räume mit Einschluß des vom Wellentunnel eingenommenen Raumes, sowie der für die wirksame Tätigkeit der Maschine und Dampfkessel abgeschiedenen Räume 603,906

b) In einem Schraubendampfschiff + 75 Prozent des vermessenen Maschinenraumes 452,930

c) In einem Räderdampfschiff + 50 Prozent des vermessenen Maschinenraumes . . . .

Summe	1056,836		
½ des Bruttoraumgehalts	1586,700		
Gesamtabzug für Maschinen-, Kessel- und Kohlenräume		1056,8	373,05
Nettoraumgehalt des Dampfschiffes nach der Donauregel		1957,9	691,14

Bei der am *22. August 1912* zu *Kiel* vorgenommenen Vermessung war jeder Raum, für welchen n Abzug gemacht worden ist, mit der vorschriftsmäßigen Bezeichnung (§ 3. I. 1. der Vorschriften om 30. März 1895) versehen.

Kiel, den 23. August 1912.

Die Schiffsvermessungsbehörde.

gez........................

III.
Die Neugestaltung der Hafenabgaben und der Schiffsvermessung.

A. Die Neugestaltung der Hafenabgaben.

Für die Festsetzung der Hafenabgaben gibt es im Rahmen des von den betr. Staaten angenommenen Grundsatzes der Entgeltlichkeit so viele Möglichkeiten, die praktisch durch örtliche, politische und wirtschaftliche Verhältnisse diktiert werden, daß die große Mannigfaltigkeit der Tarife und eine fast noch größere der Reformvorschläge nicht überraschen kann. Ökonomisch betrachtet, legt der Unterschied im Tauschwerte der zu Wasser transportierten Güter am Empfangs- und Verbrauchsorte die Maximalgrenze für die Höhe der Transportkosten einschließlich aller darauf ruhender Abgaben und des Gewinnes fest.[1]) Je nach der Lage des Weltmarktes können dabei Frachtraten und Tauschwerte ihr Funktionsverhältnis vertauschen, also zeitweise die Frachten sich nach dem Tauschwerte, zeitweise die letzteren sich nach den Frachten richten. Auch Trusts rufen in diesem Sinne Umwälzungen hervor. Davon gibt Adolf Goetz[2]) in seinem Werke „25 Jahre Hamburgische Schiffahrtspolitik" ein anschauliches Bild.

Die Hafenabgaben werden freilich von solchen Schwankungen nicht unmittelbar berührt. Sie gewinnen aber bei niedrigen Frachtraten naturgemäß an Bedeutung. In den letzten Jahren sind sie gestiegen und machen einen beträchtlichen Teil der Lasten aus, mit denen die Reedereien zu rechnen haben. Das ist unter anderem in dem Geschäfts-

---

[1]) Vgl. Peters, „Schiffahrtsabgaben", Teil II, Leipzig, S. 121.
[2]) Hamburg 1911, S. 64, 244, 270.

berichte der Hamburg-Amerika-Linie[1]) vom Jahre 1908 zum Ausdruck gekommen, wo es heißt: „Auf der einen Seite legt unsere Gesetzgebung den Reedereien durch die ganz unverhältnismäßig hoch bemessenen Konsulatsgebühren sowie in sozialpolitischem Interesse schwere finanzielle Lasten auf, die beispielsweise das Ausgabebudget der Hamburg-Amerika-Linie um nahezu 1 500 000 M. erhöhen . . ." Auch die in den Beispielen auf Seite 32 für einzelne Schiffe angegebenen Abgabensätze kennzeichnen die beträchtliche Höhe der Hafenabgaben und ihre Bedeutung für die Reedereien deutlich genug.

Die Reformnotwendigkeit für die Hafenabgaben ist zunächst daraus zu folgern, daß bei der unsicheren, die Leistungsfähigkeit des Schiffes ungenügend charakterisierenden Basis der Tonnage, auf welcher die Angaben aufgebaut werden, Begünstigungen einzelner Schiffstypen auf Kosten anderer vorkommen müssen. Der Ausgleich, der hierbei oft durch Aufstellung von Sondertarifen und durch Ausnahmen zu erreichen beabsichtigt wird, kann kein vollkommener sein und erschwert zudem die Übersicht. Die ungleiche Wirkung vieler und namentlich älterer Hafentarife wird ferner dadurch noch vermehrt, daß die Abgaben sich den gebotenen Vorteilen durch Außerachtlassen wichtiger Faktoren, welche die Leistung bedingen, z. B. der Dauer der Benutzung von Hafeneinrichtungen, der Menge der mitgeführten Ladung oder ihres Wertes, in der Gegenleistung sehr unvollkommen anpassen. Und schließlich erschweren die vielen Nebenspesen den Betrieb und die Abfertigung des Schiffes im Hafen, abgesehen davon, daß sie die eigentlichen Abgaben um einen hohen Prozentsatz erhöhen.

Vorschläge zu Abänderungen der Hafentarife finden sich in überwiegender Zahl in den lokalen Geschäftsberichten und Kommissionsberatungen versteckt.[2]) Sie haben aber die breitere Öffentlichkeit deshalb nicht immer beschäftigt, weil ihre Formen sich zu sehr den Sonderverhältnissen des betreffenden Hafens anpaßten. Gleichwohl sind auch hierin häufig sehr beachtenswerte Winke für die Neugestaltung enthalten, die allgemeinere Beachtung verdienen. So ist wiederholt darauf hingewiesen, daß Passagierdampfer nicht die Nettotonnage für einzelne Abgaben im Hafen zugrunde legen dürften, sondern die Kopfzahl der beförderten Personen; daß ferner die wirtschaftlich ungünstigere Lage bestimmter Dampfertypen einen Ausgleich in den

---

[1]) S. Goetz, S. 160.
[2]) S. Geschäftsberichte der Reedereien und Hafenverwaltungen.

Hafentarifen finden müßte, sofern eben das Ergebnis der Vermessung keine Rücksicht darauf nimmt. Besser ist es natürlich immer, wenn schon der zugrunde zu legende Registergehalt eines Schiffes sich nach Möglichkeit der Leistungs- und Zahlungsfähigkeit des Schiffes anpaßt. Eine Änderung der Schiffsvermessung nach dieser Richtung müßte daher allein schon einen einfacheren, einheitlicheren und zugleich gerechter wirkenden Hafentarif ins Leben rufen.

Sehr beachtenswerte Vorschläge und Grundsätze für die Regelung der Hafenabgaben stellt Maxton in einer längeren Abhandlung[1]) auf. Nach ihm kommen für die Beanspruchung der Hafenerleichterungen hauptsächlich die Abmessungen der Schiffe, nämlich die Länge L, der Tiefgang Tg und die Breite B — die letztere ist am wenigsten wichtig — in Betracht, und es müßten außer den Unterwasserabmessungen die Stunden oder Tage der Kaibenutzung, ferner die Anzahl der entlöschten Ladetons und schließlich die Zahl der ein- oder ausgeladenen Passagiere oder des Viehs berücksichtigt werden. Danach wäre eine Teilung der Abgaben nach dreierlei Beanspruchungen erforderlich:

1. auf Nettotonnage (beim Einfahren),
2. für Kaibenutzung,
3. für gelandete Güter.

Dieser Vorschlag, der noch weiter auf eine Abstufung der Abgabensätze nach dem Schiffstyp hinzielt, hat viel für sich und ist in manchen neueren Hafentarifen bereits berücksichtigt worden. Sobald nur die Nettotonnage ein präziseres Maß der Ertragsmöglichkeit oder auch nur der wahren Größe des Schiffes darstellen würde, wären gegen die Befolgung der Maxtonschen Grundsätze Bedenken nicht zu erheben.

Auch von anderer Seite[2]) ist vielfach darauf hingewiesen, daß für die Kaibenutzung nicht die Nettotonnage, sondern die Unterwasserabmessungen oder die eingenommene Wasserfläche in Frage kommen müßten.

Eine international bindende Regelung der Hafenabgaben ist aber weder angeregt worden, noch würde sie sich in präziser Fassung verwirklichen lassen. Dazu sind schon die Interessen der einzelnen Länder und in ihnen wieder die der Hafenbehörden und Dockgesellschaften, die teils fiskalischen teils kommunalen teils Privatzwecken dienen, zu weit auseinandergehend.

---

[1]) Maxton, „Registered Tonnages and their Relation to fiscal charges and design", Transactions of Naval Architecture, 1903, S. 258ff.
[2]) S. Report of Committee 1906.

Immerhin aber ließen sich auf Grund internationaler Verständigung Leitsätze festsetzen, nach denen die Abgaben erhoben würden, sofern eben das Prinzip der besonderen Entgeltlichkeit aufrecht erhalten werden soll. Würde dagegen anerkannt werden, daß die allgemeine Wohlfahrt der Völker an dem Nutzen der Schiffahrt so erheblich beteiligt ist, daß ein Teil der Selbstkosten oder diese ganz zu Lasten der Steuerzahler gehen können, dann würde allerdings mit der Steuer als Verwirklichung eines gemeinwirtschaftlichen Prinzips von weltwirtschaftlicher Bedeutung die Frage der Hafenabgaben im internationalen Sinne am einfachsten zu lösen sein.[1]) Solange diese Auffassung sich aber noch nicht Bahn gebrochen hat, wird innerhalb des Prinzips der besonderen Entgeltlichkeit an einen geeigneten, den internationalen Verkehr fördernden Ausbau der bestehenden Bestimmungen zu arbeiten sein.

Gibt eine verbesserte Schiffsvermessung einerseits ein angenähertes Maß der Leistungsfähigkeit eines Schiffes, z. B. durch Festlegung des Ladegewichtes, und andererseits im Bruttoraumgehalt ein wirklich unzweideutiges, jeden Schiffstyp in seiner wahren Größe kennzeichnendes Raum- oder Größenmaß, so lassen sich die gesamten Abgaben in zwei Gruppen teilen. Der erste Teil der Abgaben ist unabhängig davon, ob ein Schiff überhaupt Ladung führt und wie groß oder welcher Art diese ist. Das sind die allgemeinen Hafenabgaben, die jedes Schiff, ob beladen oder nicht, ob Schnelldampfer oder Schlepper zahlen muß, weil es von den Einrichtungen der Hafenverwaltung, den ausgelegten Fahrtzeichen, Bojen und bei Nacht von den aufgestellten Leuchtfeuern und Signalen Gebrauch macht, um überhaupt den Weg in das Hafeninnere zu finden.

Der andere Teil der Abgaben bezieht sich auf die Kaibenutzung. Dafür kommen die Kaiabgaben in Anwendung. Sie sind davon abhängig zu machen,

1. wieviel Raum das Schiff am Kai beansprucht,
2. wie lange es am Kai liegt,
3. ob und wieviel Ladung es löscht oder einnimmt,
4. welcher Art die Ladung ist,
5. ob Hebevorrichtungen der Hafenverwaltung in Anspruch genommen werden.

In diese beiden Abgabenkategorien lassen sich alle Nebenspesen einreihen, soweit sie nicht besonders verlangte oder außergewöhnliche,

---

[1]) Vgl. Max Peters, „Schiffahrtsabgaben", Leipzig 1906, Teil II, S. 8.

von der Behörde nur unter besonderen Umständen auferlegte Dienstleistungen voraussetzen. Verschwinden könnten also z. B. die Unrat-, Hafenmeister-, Polizei-, Stempel-, Wach- und Rettungsgebühr, so daß sich die Abwicklung der Geschäfte im Hafen bedeutend vereinfacht und der Schiffsführer im voraus einen besseren Überblick über alle in einem Hafen zu leistenden Abgaben hat. Den Hafenverwaltungen verbleibt danach nur noch die Festsetzung der Tarifwerte, während für die Tarife selbst immer das gleiche Schema benutzt werden könnte.

Für die Höhe der Hafenabgaben käme dann ein aus der Vermessung als Bruttotonnage sich ergebendes, die volle Größe des Schiffes kennzeichnendes Grundmaß in Betracht, für die Kaiabgaben außer diesem noch die als Nettogröße im Meßbrief aufzuführende Ladefähigkeit. Für beide Tarife ist eine Unterscheidung nach dem Fahrtbereich und eine Abstufung nach vielleicht je 100 r.t. in steigender Skala empfehlenswert. Nach dem Fahrtbereich wären die Schiffe in Hafenschiffe (einschl. Schlepper), Küstenschiffe und Schiffe in großer oder atlantischer Fahrt einzuteilen.

Für die Höhe des Äquivalents für die Kaibeanspruchung spielt allerdings die Länge des Schiffes, sowie seine Tiefe im Wasser und in geringerem Maße auch seine Breite eine Rolle. Wollte man als Grundlage der zu erhebenden Gebühren aber eines dieser Maße oder das Produkt aus zweien wählen, so könnte damit leicht wieder ein Zustand geschaffen werden, wie er schon durch eine frühere Vermessung hervorgerufen wurde, wobei auf Kosten guter Seeeigenschaften des Schiffes und zum Schaden seines gesamten konstruktiven Aufbaues dessen besteuerbare Abmessungen möglichst klein, seine steuerfreien Abmessungen dagegen recht groß gewählt wurden. Legt man dagegen das Produkt aus allen 3 Abmessungen zugrunde, so kann diese Größe oder ein entsprechendes Raummaß, welches jenes Produkt enthält, das freie Schalten des Konstrukteurs nicht hindern, und sie würde den vom Schiffe am Kai eingenommenen Raum genügend treffen. Der Kaitarif wäre demnach zunächst wieder auf der Bruttogröße des Schiffes unter Berücksichtigung der Dauer der Kaibenutzung und mit Unterscheidung des Fahrtbereiches aufzubauen.

Die Ladung ist am besten nach 3 Wertgrößen abzustufen in geringwertige (dazu wäre auch Ballast zu rechnen), mittel- und hochwertige. Weiter käme in Betracht, ob ein Schiff ganz oder teilweise beladen ist und auch hierbei erscheint die 3-Stufung (voll, bis $^2/_3$ und bis $^1/_3$ beladen) angebracht.

Der Unterschied zwischen den Betriebsarten kann nun fortfallen, da er in dem die Ladefähigkeit kennzeichnenden Nettoraumgehalt zum Ausdruck kommt. Die Tatsache, daß die Dampfer die Hafenbauten mehr beschädigen als Segelschiffe und Schuten, fällt nicht sehr ins Gewicht und kann darum vernachlässigt werden. Dagegen wird für die hochrentierenden Passagier- und eventuell auch für die Viehdampfer eine Sonderrate zu leisten sein.

Bezeichnet A die Brutto-, B die Nettotonnage, die beide in der nach obigen Leitsätzen bewirkten Neugestaltung der Schiffsvermessung erhalten werden, so errechnen sich die Hafenabgaben zu A.a, worin a ein Faktor ist, der sich nach dem Fahrtbereich und dem Registergehalt ändert.

Die Kaiabgaben werden = A.b.n + B. c. n. m., worin b und c die nach Fahrtbereich und Größenstufen einzusetzenden Faktoren sind; n bedeutet die Anzahl der Tage zu je 24 Stunden, innerhalb derer die Kais besetzt gehalten werden, m einen Grundfaktor für den Ladungswert, und zwar ist m so zu bemessen, daß m = 1 für geringwertige,
= 2 für mittelwertige,
= 3 für hochwertige
Ladung gesetzt wird.

Für Passagierdampfer tritt zu den beiden Summanden noch ein dritter hinzu: o.p, worin o die Anzahl der gelandeten oder eingeschifften Passagiere, p die für jeden zu entrichtende Kopfrate bedeutet. Für Viehdampfer bestehen entsprechende Kopfraten.

Die Gesamtabgaben eines Schiffes im Hafen stellen sich danach zu A.a + A.b.n + B.c.n.m = A (a+b.n)+B.c.n.m.

Einzelne Hafenabgaben im weiteren Sinne, wie Schuppengelder usw., müssen allerdings als Nebenspesen bestehen bleiben, da sie nicht immer in Anwendung kommen. Denn es werden die Schuppen nicht von allen Schiffen in Anspruch genommen, und die dafür zu erhebenden Spesen lassen sich nachträglich am einfachsten nach dem eingenommenen Raum oder der Tonne Ladung berechnen. Mit ihrer Zahlung wird auch selten das Schiff belastet, vielmehr der Eigentümer der Ladung bzw. der Verfrachter.

Da in dem neu zu gestaltenden Vermessungsergebnis in der Differenz A—B die Gewichtsgröße des betriebsfertigen Schiffes mit Kohlen angenähert erhalten wird, und dieser Wert bei normalen Schiffsbauten eine Funktion des Leertiefganges T ist (A—B = δ L. B. T.), so werden sich nach einer auf dieser Differenz aufgebauten Skala auch die Lotsengebühren bei leerem Schiff berechnen lassen. Für beladene Schiffe käme dann proportional zu B ein Zuschlag hinzu. Die Lotsengebühren erhalten demgemäß folgende Fassung: $(A-B).e + B.f$.

Das gemeinsame Schema für die Abgabenfaktoren würde sich zweckmäßig in folgende Form kleiden lassen.

	Hafenschiffe	Küstenfahrer	Schiffe auf großer Fahrt	Schiffe mit einem Bruttoregistertonnen-Gehalt
Hafenabgaben $= A.a$ a				unter 100 von 100— 200 ,, 200—500 ,, 500—1000 ,, 1000—2000 ,, 2000—5000 über 5000
Kaiabgaben $= A.b.n$ $+ B.c.n.m;$ für $n = 1$ $m = 1$: $= Ab + Bc$ b c b c b c b c b c b c b c				unter 100 von 100—200 ,, 200—500 ,, 500—1000 ,, 1000—1000 ,, 2000—5000 über 5000
Lotsen-gebühren $(A-B)e + B.f$ e f e f e f e f e f e f e f				unter 100 von 100—200 ,, 200—500 ,, 500—1000 ,, 1000—2000 ,, 2000—5000 über 5000

Der Vorteil einer gemeinsamen Grundlage für die Tarife aller Häfen ist offensichtlich. Die Tabelle ist einfach und übersichtlich, und der Führer eines Schiffes kann selbst in einem von ihm bisher noch nicht berührten Hafen im voraus leicht und ohne Zuhilfenahme dickbändiger Werke oder der ausgedehnten Hafenbestimmungen die Kosten übersehen, die ihm bei seinem Aufenthalt entstehen.

B. Die Neugestaltung der Schiffsvermessung.

a) Bisherige Vorschläge.

Von allen Staaten der Erde hat sich England am häufigsten mit der Vermessungsfrage beschäftigt. Dazu war es von dem Zeitpunkte an auch berufen, als es die Suprematie auf dem Meere der niedergehenden Hansa abgenommen, dann mit der Cromwellschen Navigationsakte einen vernichtenden Schlag gegen den überlegenen Seehandel der Holländer ausgeübt hatte und geographisch nach dem Zeitalter der großen Entdeckungen in eine so viel günstigere Lage als Deutschland und Holland zu dem neuerschlossenen Seeverkehrsgebiete getreten war, daß schließlich ungefähr die Hälfte der Weltschiffstonnage unter seiner Flagge fuhr.[1]) Wie sich die erste Schiffsvermessung auf England zurückführen läßt (vgl. S. 55), so kann man auch die ältesten Reformbestrebungen an bestehenden Bestimmungen in englischen Berichten finden. Außer und vor den bereits mehrfach erwähnten Kommissionsberatungen englischer Reeder und Schiffsbauer in den Jahren 1881 und 1906 haben zu gleichen und ähnlichen Zwecken auf Betreiben der englischen Regierung bereits nachweislich[2]) in den Jahren 1821,[3]) ferner 1833 und 1849 Verhandlungen stattgefunden. Unter dem Material, das hier zum Teil an der Hand von statistischen Nachweisen zusammengetragen ist und das in den beiden letzten Kommissionssitzungen der Jahre 1881 und 1906 zu dickbändigen Berichten anschwoll, ist eine große Menge sehr beachtenswerter Vorschläge vorhanden, in denen mancherlei auch für eine heutige Neugestaltung der Schiffsvermessung noch in Frage kommen könnte. Aber auch an anderer Stelle und bei anderen Gelegenheiten[4]) ist in Wort und Schrift auf die Notwendigkeit einer Abänderung der Schiffsvermessungsordnung hingewiesen, und in den meisten Fällen sind zugleich Reformvorschläge eingebracht worden.

---

[1]) Vgl. Murken, „Die Grundlagen der Seeschiffahrt", 1904.
[2]) Vgl. Royal Commission on Tonnage, Minutes of Evidence, London 1881, S. 2, und Steinhaus, „Abhandlungen", Teil II, Hamburg 1899, S. 59 ff.
[3]) Vgl. S. 59.
[4]) S. Transactions of the Institution of Naval Architects 1895 (Daymard),

Alle früheren Abänderungsvorschläge an dieser Stelle kritisch zu untersuchen, würde sich, abgesehen von dem oft sehr großen Umfange solcher Darlegungen, schon deshalb nicht empfehlen, weil Einzelheiten davon in die neueren Vermessungsordnungen später übernommen wurden, andere sich wiederholen oder aber den jetzigen Verhältnissen nicht mehr anpaßbar sind. Es sollen deshalb nur diejenigen Vorschläge hier aufgeführt werden, welche neue Ideen enthalten oder aber nach einer anderen Richtung beachtenswerte Anschauungen wiedergeben.

Auf dem englischen Tonnagekongreß vom Jahre 1821 machte das Board of Trade den Vorschlag, auf den auch Waymouth 1881 zurückkam, den Raum zwischen Leicht- und Tiefladelinie zu bestimmen und den in Tonnen ausgedrückten Wert, der die Tragfähigkeit des Schiffes darstellt, als Grundlage für die Abgabenbemessung gelten zu lassen. Die Ausführung dieses Vorhabens scheiterte daran, daß allgemein gültige Freibordgesetze damals noch nicht bestanden. Die Regierung nahm daher weder diesen noch einen Kompromißvorschlag an, der die Tragfähigkeit — den Verhältnissen damaliger Schiffsformen entsprechend — aus dem Produkt der Mittelmaße von Länge, Breite und Tiefe, dividiert durch die Erfahrungsziffer 112, überschläglich bestimmen wollte.

Sehr einfach ist der Vorschlag, den Moore bei Gelegenheit der 1881 er Beratungen machte, nämlich die Kohlenbunker wirklich zu vermessen und ganz abzuziehen, von den Reservebunkern aber nur die Hälfte, weil ein Teil dieser letzteren auf der Hinreise Kohlen, auf der Heimreise dagegen häufig Ladung trägt. Gegen einen solchen Vorschlag spricht die Tatsache, daß Schiffe für Schwergutladung oder andere, die gleichfalls wenig Laderaum benötigen, ihre Bunker und Reservebunker weit über Bedarf ausdehnen können, um auf einen geringen Nettoraumgehalt zu kommen.

Vielfach ist auch die Suezvermessung (W. H. White), von anderen wieder die nationale Bruttovermessung (Léon Müller), d. h. die Ausschaltung jeglichen Abzuges, als allgemein gültige Vermessung vorgeschlagen worden. Damit würden aber auch die jenen Vermessungen anhaftenden Mängel (s. S. 67 ff.) auf die Neugestaltung mit übernommen werden. Die gleichen Bedenken müßten sich auch erheben, wenn statt des vollen Bruttoraumgehaltes ein bestimmter gleicher Prozentsatz als

---

1898 (Ramage), 1903 (Maxton), Association technique maritime 1898 (Léon Müller). W. Laas, „Änderung der Schiffsvermessung, Hamburg 1907"; ders. „Die Nettovermessung der Segelschiffe", Berlin 1908. Dr. W. Vogel, „Die Grundlagen der Schiffahrtsstatistik", Berlin 1912. H. Herner, „Die Schiffsvermessung und ihre wirtschaftliche Bedeutung", „Hansa" 1910.

Abgabengrundlage zur Anwendung käme, da es bei Aufstellung der Hafentarife nicht allein auf die absolute Höhe der Abgaben ankommt, die sich schließlich immer bei entsprechenden Grundzahlen pro Tonne erreichen läßt, sondern auf ihre gerechte Verteilung auf die einzelnen Schiffe. Das aber wird keineswegs mit dem Bruttoergebnis oder einem gleichbleibenden Anteile davon gewährleistet. Gleichen Widerspruch müßte sich auch der oft gebrachte (Wilson-Belfast 1901, Mersey-Bill 1904, Hughes 1906, Johnstohn 1906, Biles 1906, Brace 1906, Dodd 1906, Board of Trade 1908) Vorschlag einer festen Begrenzung des Maschinen- oder des Gesamtabzuges aussetzen. Die Fehler der Bruttovermessung blieben dabei ganz, die der Nettovermessung bei der größten Zahl aller Schiffe bestehen, und bei den wenigen übrig bleibenden Schiffen würde die Kurve der Verhältniswerte von n.r.t. zu Ladefähigkeit einen plötzlichen Knick erhalten. (Vgl. S. 76.) Für einen Teil der letzteren Schiffe wäre eine solche Maßnahme gänzlich unmotiviert, während für den anderen Teil, nämlich die verschiedenen Arten von Passagierschiffen, wieder an die ausgleichende Wirkung neuer Hafentarife appelliert werden muß. Damit würden nur wenige schlechte Außenteile der heutigen Vermessung, nicht aber würde ihr morscher Kern beseitigt werden.

Rothery schlug 1881 vor, die ganze innere Vermessung durch eine äußere zu ersetzen. Zu einem ähnlichen Ergebnis kommt 1895 Daymard und 1900 Léon Müller, während Isakson 1902 das Volumen bis zum Deck über der Wasserlinie berechnen und die oberhalb dieses Decks befindlichen Räume nur halb bewerten will. Alle Vorschläge dieser Art gipfeln schließlich in der Deplacement-Methode, auf die bereits 1821 (s. S. 59) hingewiesen wurde.

Das äußere Volumen läßt sich auf jeden Fall sicherer bestimmen, als das innere Raummaß, da hierbei die Maße präzise bis auf Außenkante (Mallkante) Spant oder Innenkante Außenhaut genommen werden können, während bei der inneren Vermessung durch die Verschiedenheiten der Bauspantsysteme, der Wegerungen, der Bodenwrangen und der Doppelböden Zweifel entstehen, die teils zu einer verschiedenen Auffassung der einzelnen Vermesser teils zu unlauterer Ausnutzung der Bestimmungen seitens der Bauwerften und Reeder führen können. Die Einführung verschiedener Bewertungsklassen für Unterdeck und Aufbauräume ist indessen sehr bedenklich, weil sie über die Art der Einziehung einzelner Räume, der Maschinenlicht- und Luftschächte, der Küchen, Klosetts, der nicht fest verschlossenen

Gänge und Decks dieselben Unsicherheiten wieder aufkommen läßt, die der heutigen Vermessung mit den offenen und geschlossenen Aufbauten anhaften.

Zu einem ähnlichen Ergebnis wie Isakson kommt in neuester Zeit auch Reinhold Schmidt[1]), der zunächst eine modernisierte Bruttovermessung als das beste Verfahren ansieht, sodann eine organische Scheidung der Räume in solche mit direktem und mit indirektem Verdienst befürwortet. Ist eine derartige Teilung schon theoretisch nicht einwandfrei vorzunehmen, so würde sie in der Praxis großen Schwierigkeiten begegnen und vielfachen Auslegungen ausgesetzt sein, wodurch sich die der jetzigen Vermessungsordnung vorzuwerfenden Mängel unpräziser und unsicherer Fassung in anderer Weise wiederholen. Den einen Vorzug hat der Vorschlag R. Schmidts allerdings, nämlich daß er die Verdienstkraft des Schiffes, also das wirtschaftliche Moment, in den Vordergrund der Bewertung rücken und mithin eine neue Vermessung auf der Basis eines gerechten Ausgleichs zwischen Technik und Wirtschaft aufbauen will.

Auf die Verdienstkraft des Schiffes und die vielen wirtschaftlichen Unterschiede zwischen Fahrzeugen von ähnlichen Abmessungen, aber ungleichen Formen und Einrichtungen nimmt die Parallelopipedon-Methode gar keine Rücksicht, die viele Anhänger (Maxton 1903, White 1906) gefunden hat. Danach soll das Produkt aus Länge, Breite und Tiefe im Wasser den hauptsächlichsten Kai- und Hafenabgaben als Grundlage dienen, weil diese Größe angenähert dem Raum entspricht, welcher im Hafen und am Kai dem Schiffe überlassen werden muß. Abgesehen davon, daß hiermit den verschiedenen Rentabilitätsmöglichkeiten aller Schiffstypen keinerlei Rechnung getragen wird, spricht gegen diesen Vorschlag noch das ganz unsichere Bild, das ein solches Maß von der wirklichen Volumengröße des Schiffes gibt; dadurch wiederum kann die Statistik leicht irregeleitet werden. Der Vorzug der leichten Bestimmbarkeit des erwähnten Produktes, sofern nur ein für alle Schiffe anzuwendendes Freibordgesetz vorliegt, kann die angeführten schwerwiegenden Mängel nicht aufwiegen.

Mit großer Sympathie ist seinerzeit ein Vorschlag Sanford D. Coles begrüßt worden, der die Nettovermessung durch die Vermessung unter Deck ersetzen will. Sein Verfahren scheint auf den ersten Blick viele Vorzüge zu haben, namentlich weil es die Bevorzugung der Schnelldampfer aufhebt, deren Unterdeckraumgehalt die Nettotonnage weit

---

[1]) S. „Zeitschrift für Schiffbau", XIII. Jahrg., Nr. 5—7.

übersteigt, und ferner weil es eine sicher zu fassende und leicht kontrollierbare Raumgröße gewinnt, die bei allen Schiffen bereits festgestellt ist und daher bei Neuordnung der Vermessung ohne Nachvermessung übernommen werden kann. Bei näherer Prüfung dieses Vorschlages[1]) stellen sich aber manche Bedenken ein, welche den Vorteil seiner Einführung sehr in Frage stellen müssen. Zunächst ist der Ausschlag der Unterdeckvermessung zugunsten einer gerechteren Verteilung der Lasten auf die einzelnen Schiffstypen doch rein zufälliger Art und kann durch konstruktive Maßnahmen der Werften leicht illusorisch gemacht werden. Das Ergebnis der Unterdeckvermessung bleibt immer eine Art Bruttotonnage, da dabei gar nicht in Rechnung gezogen wird, zu welchen Zwecken der Unterdeckraum benutzt wird, und da Schiffe verschiedenster Art und von sehr voneinander abweichender Rentabilität mit gleichem Unterdeckraum fahren können. Glattdeckdampfer würden dann den gleich großen Segelschiffen gegenüber in denselben Rückstand kommen, in dem sich jetzt die Segler ihnen gegenüber befinden. Wenn nun schon einmal an den Grundpfeilern der heutigen Vermessung gerüttelt werden muß, so darf es sich nur um eine Neugestaltung handeln, die den wirtschaftlichen Verhältnissen vollauf sowohl theoretisch wie praktisch zu genügen vermag und ihre Ergebnisse von einer durch richtige Überlegung und logische Schlußfolgerungen gewonnenen gerechten Verteilung der Abgaben ableitet. Das kann aber ebensowenig wie die anderen erwähnten Vorschläge ein Ersatz der Nettotonnage durch die Unterdecktonnage aus sich allein bewirken, ohne zugleich wieder auf eine ausgleichende Wirkung der Hafentarife Anspruch zu erheben.

b) Neue Vorschläge.

Die Schiffsvermessung soll in ihren Endergebnissen den beiden Arten der Hafenabgaben, den eigentlichen und den Ladungsabgaben, eine Grundlage bieten, auf der sich die Hafentarife ausnahmslos und, ohne für die normalen Schiffstypen Sondertarife zu benötigen, aufbauen können. Für die Neugestaltung der Schiffsvermessung ist daher als Bruttotonnage — den früheren Ausführungen entsprechend — ein die ganze Schiffsgröße, als Nettotonnage ein die Ladungsgröße kennzeichnendes Maß zu nehmen. Es kommt nur darauf an, diese beiden Vermessungsergebnisse so festzulegen, daß Technik, Wirtschaft und Statistik in gleichem Maße damit zufrieden gestellt werden können.

---

[1]) Shipping Gazette and Lloyd's List v. 30. März 1907.

In den englischen Tonnage-Kommissionsberatungen im Jahre 1881[1]) wurden folgende 4 Forderungen an ein brauchbares Vermessungsverfahren gestellt:
1. Gerechte Gebührengrundsätze zwischen Zahlenden und Empfangenden,
2. keine Bevorzugung einzelner Schiffsklassen,
3. Wahrscheinlichkeit einer allgemeinen Annahme,
4. keine Möglichkeit zu Umgehungen auf Kosten der Seetüchtigkeit.

Diese Bedingungen können wir auch heute noch voll anerkennen; die Erfahrungen mit dem heutigen Vermessungsverfahren nötigen uns aber, sie in einzelnen Punkten noch zu ergänzen, und zwar müssen wir als weitere Bedingung hinzufügen:

5. Brauchbarkeit bei fortschreitender Technik und Verwendung neuer, bisher nicht benutzter oder nicht gekannter Schiffs- und Maschinenkonstruktionen,
6. einfache und präzise Fassung, welche die Möglichkeit verschiedener Auffassung ausschaltet,
7. keine Rücksichtnahme auf humane und sanitäre Bestrebungen, die durch Gesetze allein geregelt werden sollen.

Vereinigen wir mit diesen Grundsätzen die Forderungen, welche Wirtschaft und Statistik an die Ergebnisse der Schiffsvermessung zu stellen berechtigt sind, worüber frühere Kapitel schon Auskunft gegeben haben, so ist es klar, daß eine Raumvermessung, welche zu dem wirtschaftlichen Faktor der Transportgröße in sehr loser Beziehung steht, welche außerdem technisch so viele Schwierigkeiten bereitet und der Statistik irreführende Unterlagen gegeben hat, überhaupt nicht mehr in Frage kommen kann. Sie ist vielmehr durch eine Gewichtsvermessung zu ersetzen, deren Angaben viel präziser sind. Bei ihr ist es gleichgültig, ob ein Aufbau Öffnungen besonderer Konstruktion hat oder nicht; bei ihr fühlt sich der Konstrukteur in seinen sachgemäßen Ausführungen durch Rücksichten auf das Vermessungsergebnis nicht eingeengt, und der Handel benötigt keine Umrechnung, um Kosten und Verdienst der Schiffahrt zu ermitteln.

Ein einziger Vorbehalt ist — allerdings unberechtigterweise — der in der Deplacementmethode zum Ausdruck kommenden Gewichtsmessung gemacht worden, nämlich daß das Gesamtgewicht eines Handelsschiffes infolge wechselnder Beladung zu unbestimmt sei, um

---

[1]) Report 1881, S. XII.

daraus ein amtliches Größenmaß herzuleiten. Im Kriegsschiffbau denkt niemand daran, beim Größenvergleich zweier Schiffe gleichen Charakters das Deplacement als zunächst maßgebenden Faktor anzufechten, und es wird kaum vorkommen, daß in der Vergleichsstatistik zwei Rubriken aufgeführt sind, deren eine das Deplacement mit vollem Betriebs- und Munitionsmaterial, deren andere das Deplacement bei leeren Bunkern und leeren Munitionsräumen angibt. Ein Frachtschiff ändert allerdings seine Wasserverdrängung erheblich mehr. Zwischen Leicht- und Tiefladelinie kann jeder Tiefgang eingenommen werden, je nachdem das Schiff leer, in Ballast, teilweise oder voll beladen fährt. Das Handelsschiff ist sich eben nicht wie das Kriegsschiff Selbstzweck. Es wird gebaut, um Transporte auszuführen. Erst mit der Aufnahme und Fortleitung dieser Transporte erfüllt es seinen Zweck. Aber es wird naturgemäß immer bestrebt sein, um rentabel zu bleiben, so viel Ladung fortzuführen, als ihm das Gesetz (Freibord) oder die Erfahrung gestattet. Es ist daher selbstverständlich, daß die Größe eines Handelsschiffes nur nach der bis zur Höchstgrenze ausgedehnten Belastung beurteilt werden kann. Alle anderen Fahrten, die das Frachtschiff bei geringerer Belastung ausführt, sind entweder nur Mittel zum Zweck, um in einem entfernten Hafen lohnende Ladung übernehmen zu können, oder aber ein Notbehelf infolge wirtschaftlichen Tiefstandes. Es würde doch gewiß kein Statistiker in solchen Zeiten die Brutto-Tonnage der Frachtschiffe im Vergleich mit der anderer Staaten nach dem derzeitig eingenommenen geringerem Durchschnittsdeplacement bestimmen, im nächsten besseren Jahre aber wieder das volle Deplacement einführen. Eine solche Unterscheidung ist wohl zur Untersuchung und zum statistischen Nachweis des Umfanges des wirtschaftlichen Niederganges, keineswegs aber zur statistischen Feststellung des gesamten Tonnageumfanges einer Handelsflotte angebracht.

Aber nicht nur die Statistik hat ein Interesse daran, das Gewicht des bis zur Höchstgrenze belasteten Schiffes festzustellen, sondern ganz besonders auch die Hafenbehörde, der diese Größe einen Maßstab der Verdienstmöglichkeit des Schiffes zu geben vermag, welcher die Höhe der allgemeinen Abgaben anzupassen ist. Bei diesen letzteren kommt es durchaus nicht darauf an, ob das Schiff zufällig beim Passieren der Leuchtfeuer und Bojen die volle Ladung an Bord führt oder nicht. Zum Vergnügen wird es sicher nicht in den Hafen einfahren, sondern immer darauf ausgehen, sobald als möglich das volle Ladegewicht aufzunehmen und diese Ladung übers Meer zu transportieren. Auf die volle

Ladung sind auch immer die Abmessungen des Schiffes berechnet. Ihr entspricht das Deplacement, d. h. der Raum, den das Schiff im Wasser einnimmt, und auf welchen es schließlich beim Eintritt in den Hafen, beim Liegen am Kai Anspruch erhebt.

Als Bruttotonnage ist daher am zweckmäßigsten das Deplacement des Schiffes zu wählen.

Wie erhält man nun das Deplacement?

Der Schiffbauer ermittelt es an der Hand der Linienzeichnung durch Planimetrierung oder Rechnung nach Simpson. Die Behörden können sich auf eingereichte Zeichnungen, von denen die Bauausführung oft abweicht, nicht einlassen, ohne zum mindesten am Schiffskörper Stichmaße zu nehmen. Dann ist es aber fast ebenso einfach und auf jeden Fall genauer, die ganze Aufmessung am Schiffskörper selbst vorzunehmen. Zu diesem Zwecke wird der ganze untere Schiffsraum bis zum oberhalb der Tiefladelinie gelegenen Deck vermessen und, nach Festsetzung des Freibordes, der Raum zwischen Tiefladelinie und Vermessungsdeck wieder abgezogen.

Diese Vermessung setzt also die Festlegung der Tiefladelinie voraus und muß folglich mit der Freibordbestimmung Hand in Hand gehen. Das ist insofern ganz unbedenklich, als bereits heute die Freibordberechnungen Englands und Deutschlands nahezu übereinstimmen und der Freibordzwang sich binnen kurzem auch auf die Schiffe der kleinen Küstenfahrt, der Sund- und Wattfahrt erstrecken wird. Schon jetzt bestehen überdies Beziehungen zwischen den beiden Behörden, welche die Vermessung und den Freibord beaufsichtigen, indem die Freibordberechnung von den Ergebnissen der offiziellen Raumvermessung der Vermessungsbehörde abhängig gemacht wird.

Irgendeine Störung oder Verzögerung wird durch das Ineinandergreifen beider Behörden nicht entstehen, da die Unterdeck-Vermessung vorgenommen werden kann, sobald es der Bauzustand des Schiffes gestattet und der nachträgliche Abzug des Raumes zwischen Tiefladelinie und Deck so einfacher Art ist, daß er die Fertigstellung des Meßbriefes nicht aufhält.

Man bestimmt den abzuziehenden Raum am besten, indem man aus den aus halber Höhe zwischen Tiefladelinie und Deck gewonnenen Breitenaufmaßen, deren Größe die Unterraumvermessung ergibt, einen Horizontalschnitt des Raumes ermittelt und diesen selbst durch Multiplikation der Schnittfläche mit der mittleren Höhe erhält. Die Feststellung des Unterdeckraumgehaltes kann irgendwelchen Schwierigkeiten oder verschiedenen Auslegungen nicht begegnen, da die Maße immer bis auf Außenkante Spant bzw. Innenkante Außenhaut genommen werden, und daher die Innenkonstruktion des Schiffsrumpfes ohne jeden Einfluß auf die Maße und das Vermessungsergebnis bleibt.

Für die Nettotonnage kommt nach den Ausführungen auf Seite 11 die Ladefähigkeit des Schiffes in Frage. Der Konstrukteur geht von dieser Größe bei der Berechnung der Abmessungen des Schiffes aus. Sie ist eine der ersten Bedingungen, welche die Größe des zu bauenden Schiffes bestimmen. Die sogenannte Deplacementgleichung gibt die Beziehung zwischen Ladefähigkeit und Gesamtdeplacement an. Sie lautet für Handelsschiffe gemäß dem Archimedischen Prinzip: $P = \gamma \cdot V$, d. h. Schiffsgewicht = Gewicht der verdrängten Wassermenge, nach Zerlegung des gesamten Schiffsgewichtes in seine einzelnen Bestandteile folgendermaßen:

$$P_{Schiff} + P_{Maschine} + P_{Kohlen} + P_{Ladung} + P_{Besatzung} = \gamma \cdot V = \text{Deplacement}.$$

An die Stelle der Kohlen tritt bei Motoren der entsprechende Brennstoff. Zur Ladung rechnen auch die Passagiere. Wie der Konstrukteur nun nach dieser Gleichung aus der Ladefähigkeit auf das Deplacement schließt, so kann umgekehrt der Vermesser aus dem aufgemessenen Deplacement die Ladefähigkeit bestimmen als Differenz jenes Deplacements und der Summe der Gewichte des Schiffskörpers, der Maschine, der Kohlen und der Besatzung.

Das Risiko dieses Verfahrens kann daher für den Vermesser nicht größer sein als für den Konstrukteur. Wenn es diesem bisher gelungen ist, die Schiffsabmessungen einwandfrei zu rechnen, weshalb sollte es dem Vermesser nicht auch möglich sein, auf ähnliche Weise zu einem Ergebnis zu kommen, welches die Ladefähigkeit des Schiffes mit großer Annäherung feststellt?

Es kommt dabei darauf an, die Gewichte der abzuziehenden Teile aus ihren Abmessungen bzw. der Maschinenleistung so zu bestimmen, daß sie der Wirklichkeit möglichst entsprechen. Für den Schiffskörper errechnet man das Gewicht aus dem Produkte $L \times B \times H \times p$. Es bedeuten L, B und H darin die gemessene Länge, Breite und Seitenhöhe des Schiffes, p einen Faktor, der zwischen geringen Grenzen schwankt. Die zu wählenden Werte von p sind vom Schiffstyp, dem Fahrtbereich und den Aufbauten abhängig. Den Einfluß der Aufbauten auf das Schiffsgewicht berücksichtigt man am besten in der Weise, daß man den Rauminhalt der Aufbauten über einen Querschnitt von der

Fläche des obersten durchlaufenden Decks verteilt und die dabei entstehende Höhe der Seitenhöhe H zurechnet.

Das Maschinen- bzw. Motorgewicht bestimmt man aus dem Produkt aus Leistung und einem Faktor c. Die Leistung wird von der Bauwerft bzw. von der Maschinenfabrik unter Vorlegung der den Aufsichtsbehörden zu unterbreitenden Kesseldaten usw. so angegeben, daß sie leicht nachgeprüft werden kann. Der Koeffizient c ist von der Steuerung, der Motorart, der Bauweise und dem Material abhängig und kann auf Grund von Erfahrungen für die einzelnen Antriebsmechanismen so präzise festgelegt werden, daß nur geringe Prämien eventuell für leichteres Bauen übrig bleiben. Das ist aber durchaus nicht als Nachteil dieser Berechnungsart anzusehen; denn wenn der Maschinenkonstrukteur dazu beitragen kann, einen Betriebsgewinn durch Erhöhung der Ladefähigkeit über das angerechnete Maß hinaus zu erzielen, dann wird er auch bestrebt sein, unnütze Gewichte zu vermeiden und damit auf sachgemäßere Ausführung von Maschine und Fundament zu dringen. Hier kann die Schiffsvermessung mithin einen sehr nützlichen Wettbewerb der Maschinenbauer entfachen, während die bisherigen Vermessungen der fortschreitenden Technik eher Fesseln anlegten.

Das Gewicht des Heizmaterials erhält man, indem man den Verbrauch pro PS_i und Stunde für die einzelnen Maschinen- bzw. Motorgattungen feststellt und den Aktionsradius nach 2 Fahrten, großer Fahrt und Küstenfahrt, begrenzt. Für die Küstenfahrt ist vielleicht ein Aktionsradius von 1000, für die große Fahrt ein solcher von 3000 Seemeilen einzuführen. Ist d der Aktionsradius, v die Geschwindigkeit in Seemeilen pro Stunde = kn (Knoten), k der Faktor, der in kg den stündlichen Verbrauch an Heizmaterial pro PS_i angibt, so wird das Gewicht des Heizmaterials ausgedrückt durch:

$$P_{Kohlen} = \frac{PS_i \cdot \frac{d}{v} \cdot k}{1\,000} \text{ in t (Tonnen zu je 1000 kg).}$$

Eine Täuschung der Behörde durch unrichtige Angabe des Fahrtbereichs ist dabei ziemlich ausgeschlossen. Wenn z. B. ein Küstenfahrer angeben würde, er wolle auf großer Fahrt fahren, so muß er sich zunächst auch entsprechend klassifizieren lassen. Das bedeutet aber einen unnötigen Aufwand an Material und Kosten, den die Schiffsreeder schon in eigenem Interesse vermeiden. Schätzt der Reeder indessen den dabei erzielten Gewinn an Abgaben höher als den Unterschied der höheren angelegten Kosten gegen die normalen ein, dann kann sich die Hafenbehörde leicht vor Schaden schützen, indem sie von dem auf langer Fahrt vermessenen Küstenfahrer einen Zuschlag an Hafenabgaben erhebt. Der Meßbrief jedes Schiffes auf langer Fahrt braucht nur einen Zusatz zu enthalten, der den Gewichtsunterschied an Heizmaterial für beide Fahrtklassen angibt. Die heutigen Meßbriefe enthalten bereits Zusätze solcher Art. Z. B. ist der Rauminhalt aller bedingt ausgeschlossenen Aufbauten besonders errechnet und eingetragen.

Das Gewicht der Ladung ist durch die Konstruktionsbedingungen gegeben. Das Gewicht der Besatzung spielt dabei nur eine untergeordnete Rolle und kann entweder proportional zum Deplacement oder aber nach festen, dem Fahrtbereiche angepaßten Normen, z. B. Anzahl × Einheitssatz, berechnet werden.

Die auf diese Weise erhaltenen Vermessungsergebnisse eines Schiffes stellen daher in der Bruttotonnage ein ganz präzises, allen gerechten Anforderungen der Technik und Statistik genügendes Grundmaß dar und in der Nettotonnage ein Wertmaß, welches die in der Ladefähigkeit zum Ausdruck kommende Verdienstkraft des Schiffes mit viel größerer Annäherung angibt, als mit allen bisherigen Vermessungen und Vorschlägen je erreicht wurde. Dabei ist das Vermessungsverfahren selbst wesentlich vereinfacht und erfordert bei weitem nicht die Arbeit wie das jetzige. Sobald das Vermessungsdeck gelegt ist, kann die Unterdeckvermessung vorgenommen werden. Weitere Messungen an Bord sind dann nicht mehr erforderlich und die Schlußrechnung erledigt sich in wenigen Zahlen.

C. Der Einfluß der Neugestaltung der Schiffsvermessung auf technischem, wirtschaftlichem und statistischem Gebiete.

a) Auf technischem Gebiete.

In die Änderung der Schiffsvermessung spielen eine Reihe wichtiger Fragen hinein. Teils liegen sie auf technischem teils auf wirtschaftlichem und teils auf statistischem Gebiete. Die vorgeschlagene Änderung befreit die Schiffsvermessung zunächst von Aufgaben technischer

Art, die nur durch ungesunden Zwang mit den Zielen der Vermessung verquickt wurden. Seetüchtigkeit, Stabilität und Sicherheit sollten durch die Schiffsvermessung, die im wesentlichen wirtschaftliche Interessen verfolgt, nicht beeinflußt werden. Es ist jedoch wiederholt geschehen und geschieht noch immer, trotzdem schon manches Unglück dadurch entstanden und von Fachmännern energisch Stellung dagegen genommen ist.[1]) Aber weder behördliche Maßnahmen noch Bedenken der Schiffsreeder oder der Werften selbst konnten bisher eine Änderung bewirken. Die Vorzüge, die ein Schiff mit einer besseren Stabilität besitzt, liegen nicht offen vor und lassen sich auch nicht in absoluten Zahlenwerten nachweisen. In den wenigsten Fällen wird überhaupt für ein Frachtschiff eine Stabilitätsrechnung ausgeführt; überdies gilt sie nur unter bestimmten Voraussetzungen, zudem ändern sich die Stabilitätsverhältnisse mit jeder anderen Stauung.

Kein Wunder, wenn deshalb der Reeder die greifbaren Vorteile einer infolge geringerer Nettotonnage gesteigerten Rentabilität den nur bedingt in die Erscheinung tretenden Vorzügen besserer Stabilität vorzieht. Die Äußerung: „Zum Teufel mit den Grundsätzen, wenn man Vorteile erlangen kann"[2]) kennzeichnet die Auffassung mancher Reeder in dieser Frage. Und die Vorteile, die man erringen kann, sind gewiß nicht gering. Hat man doch jede Registertonne Abzug an Tonnage auf 2 £ jährlichen Nutzen berechnet.[3]) Fällt indessen die Möglichkeit, einen Nutzen zu erzielen, fort, so wird der Reeder auch sicherlich nichts dagegen haben, wenn der Schiffskörper und vornehmlich die Aufbauten so konstruiert werden, daß die Stabilität des Schiffes damit verbessert wird. Nach dieser Richtung muß also eine neue Schiffsvermessung wie die vorgeschlagene, die dem Konstrukteur vollständig freie Hand läßt, völlig beruhigend wirken.

In fast gleicher Weise wie die Stabilität wird auch die Sicherheit des Schiffes durch die jetzt bestehende Vermessung gefährdet. Wenn der Reeder dadurch, daß er das Kessel- oder Maschinenschott eine Spantentfernung weiter nach außen rückt, oder dadurch, daß er es vermeidet aus dem Maschinenraume abgeschottete Storeräume oder dergleichen abzutrennen, auf einen geringeren Nettoraumgehalt kommen

---

[1]) Vgl. E. Waldmann, „Einfluß der Schiffsvermessung auf die Stabilität der Schiffe", Ztschr. „Schiffbau", 1910/11, S. 490.

[2]) Isakson, „Die Schiffsvermessungsgesetze in verschiedenen Staaten", Jahrb. d. Schiffbautechn. Gesellschaft 1901, S. 427.

[3]) Ramage, „Minimum net register and its effect on design", Institution of Naval Architects, 1898.

kann, so wird er es tun, selbst wenn das Schiff infolgedessen bei eintretender Leckage nicht mehr schwimmfähig bleiben sollte. Mit einer Leckage hat er nicht unbedingt zu rechnen, — wenigstens solange ihn das Gesetz nicht dazu zwingt[1]), — wohl aber mit den ständigen höheren Abgaben. Weiß auch die Auslegung der Schiffsvermessung allen groben Auswüchsen nach dieser Richtung, z. B. durch Festsetzung eines Maximalabstandes zwischen Zylinderwand und Schott, zu steuern, so wird sie doch niemals verhindern können, daß sowohl in der Ausdehnung der Maschinenräume wie der Licht- und Luftschächte auf eine kleinere Nettotonnage hingearbeitet wird. Derselbe Vorteil wird jedem erfahrenen und weitsichtigen Schiffbauer mit maßgebend sein, wenn er die Logisräume eines Schiffes anlegt. Daß von solchen Maßnahmen zugleich die allgemeine Seetüchtigkeit des Schiffes beeinflußt wird, ist ohne weiteres verständlich. Die Aufbauten werden in erster Linie nicht danach gebaut, ob sie leicht Wasser übernehmen oder nicht, sondern ob sie die Nettotonnage günstig oder ungünstig beeinflussen. Dadurch kommen dann diese merkwürdigen Schiffstypen wie die Shelterdecker zur Ausführung, die Aufbauten führen, um mehr Raum zu erhalten und um seetüchtiger zu sein, und diese Räume wieder künstlich durch Speigate seeuntüchtig machen müssen, weil sie dafür keine Abgaben zahlen wollen. Die Schiffsvermessung hat eben den ganzen Schiffbau vergewaltigt. Und von diesem Zwange mit seinen unheilvollen Folgen würde er befreit werden, wenn eine Vermessung wie die vorgeschlagene eingeführt würde.

Der Wert der vorgeschlagenen Neugestaltung der Schiffsvermessung wird noch dadurch beträchtlich erhöht, daß sie nicht etwa wie die Moorsomsche Vermessung nur den augenblicklichen Verhältnissen Rechnung trägt, sondern für alle Zeiten und alle Konstruktionen des Schiffskörpers und der Maschine anwendbar ist. Der Begriff des Deplacements wie der der Ladefähigkeit ist stets gültig und feststehend und bedarf keiner Erläuterung oder Ergänzung.

b) Der Einfluß der neuen Schiffsvermessung auf wirtschaftlichem Gebiete.

Das wirtschaftliche Interesse des Reeders hat sich seit Bestehen des jetzigen Vermessungsverfahrens als wichtiger Faktor in die Größenberechnung eines Schiffes hineingedrängt. Je mehr Lücken die Ver-

---

[1]) Vgl. Vorschriften der Seeberufsgenossenschaften über wasserdichte Schotten, Rostock 1896.

messungsordnung im Laufe der Jahre bei der Anwendung neuerer Schiffs- und Betriebsformen aufwies, um so stärker wurden sie ausgenutzt. Auf rein wirtschaftlichem Gebiete läßt sich das ebenso verfolgen wie auf technischem. Küstenfahrer mit ihrer ungerecht niedrigen Tonnage haben ein relativ geringes Unkostenkonto. Daher können sie Frachten unter Preis annehmen und damit dem gesamten Seehandel große Schädigungen zufügen. Solche Unterbietungen würde mit einer Neuvermessung, welche die Leistungsfähigkeit des Schiffes zur Grundlage für die Hafenabgaben erhebt, ohne weiteres aufhören. Es würde ein gesunder Wettbewerb zwischen den einzelnen Schiffstypen einsetzen und dabei jeder zu seinem Rechte kommen. Die natürliche Unterlegenheit kleiner Schiffe gegenüber großen wird in den Hafentarifen genügend berücksichtigt, und auch die Segelschiffe haben sich nicht mehr über eine Bevorzugung der Dampfer zu beklagen.

Daß unter Umständen durch die jetzige Handhabung der Vermessung wirtschaftliche Umwälzungen in der Schiffbauindustrie stattfinden können, läßt sich wohl erklären. Schiffstypen, welche infolge besserer Behandlung durch die Vermessungsgesetze größere Rentabilitätsmöglichkeit besitzen, werden bevorzugt werden, und solche Schiffe wenden sich dann Fahrten zu, auf denen der Ausgleich durch die Hafentarife kein vollkommener ist. Dadurch kann sich der Verkehr eventuell auf einzelne Häfen konzentrieren und hier eine ungesunde Konkurrenz entwickeln. Tragen auch schließlich die Hafentarife selbst einen Hauptteil der Schuld an diesen Verhältnissen, so hat die Schiffsvermessungsordnung mit ihrer ungerechten Bevorzugung einzelner Typen immerhin den ersten Anstoß dazu gegeben. .

Von nicht zu unterschätzender Bedeutung für die wirtschaftlichen Verhältnisse eines Hafens oder auch eines ganzen Staates ist zweifellos die Unsicherheit, die in der Auslegung der heutigen Vermessungsvorschriften bei den einzelnen Vermessungsstellen herrscht. Oft ist die Herausgabe neuer „Erläuterungen" zu der Vermessungsordnung nötig, die über besondere Fälle und deren Behandlung Anweisungen enthalten, und zwischendurch erhalten diese Erläuterungen noch Zusätze. Werden darin einzelnen Konstruktionen und Einrichtungen Vergünstigungen zugestanden, die den Nettoraum eventuell herabsetzen, oder wird eine besondere Einrichtung als vermessungstechnisch nicht abziehbar festgelegt, so ist in vielen Fällen derjenige Staat, dessen Vermessungsgesetzen sich die anderen Staaten anpassen und mit welchem über aufkommende neue Auslegungen Beratungen stattfinden, d. h.

in diesem Falle England, schon mit der Vergünstigung bei einzelnen vermessenen Schiffen vorausgegangen. Diese haben solange mithin auf kleinerer Basis gleiche Abgaben gezahlt wie gleich große fremde Schiffe. Alle diese wirtschaftlichen Verschiebungen müssen mit der Einführung einer auf der angedeuteten Basis sich aufbauenden Schiffsvermessung unmöglich werden, da die präzise Fassung der neuen Vermessung verschiedene Auffassungen und Auslegungen überhaupt nicht zuläßt.

c) Der Einfluß der neuen Schiffsvermessung auf statistischem Gebiete.

Von ganz unschätzbarem Werte wird das neue Vermessungsverfahren für die Statistik sein. Welche beträchtlichen Fehlerquellen den bisherigen Handelsflotten- und Schiffs-Statistiken anhaften, ist von Isaksohn[1]) und Dr. W. Vogel[2]) eingehend dargelegt worden. Da die Bruttotonnage ebensowenig ein genaues Raummaß wie die Nettotonnage ein Leistungsmaß des Schiffes darstellt, so kann kein Vermessungsergebnis nach heutigem Verfahren der Statistik brauchbare Werte liefern. Die Statistik ist, — wie bereits ausgeführt wurde —, von der Vermessung direkt irregeleitet worden, und es hat großer Anstrengungen seitens der modernen Statistiker bedurft, um die wirkliche Lage der Handelsflotten, den Bestand an Schiffen und die Verkehrsentwicklung in den Häfen aus den vielen Irrtümern, zu denen die Vermessung Anlaß gibt, zu entwirren. Und wenn auch die Einführung der „berechneten Tonnage" durch Kiaer manche Ungenauigkeit beseitigt hat, so kann von einer absoluten Klarheit immer noch keine Rede sein. Die verschiedenen Auslegungen, welche die Schiffsvermessungsgesetze erfahren, müssen stets neue Unklarheiten bringen. Durch das andauernde Sinken des Nettoraumgehaltes der Dampfer im Verhältnis zum Bruttoraumgehalte erfährt diese Tatsache auch äußerlich eine vielsagende Illustrierung.

Nun ist von vielen Seiten gesagt worden, man dürfe die Schiffsvermessung schon der Statistik wegen nicht willkürlich ändern. Das hieße aber, die Fehler, zu denen man bisher Ja und Amen sagen mußte, für alle Ewigkeit bestehen lassen und ängstlich darum besorgt sein, daß ja keine richtigen Grundlagen aufgestellt werden. Gerade die Statistik müßte zuerst darauf dringen, daß ihr die Schiffsvermessung brauch-

---

[1]) Isaksohn, „Die gegenwärtige unbefriedigende Vergleichsstatistik der Handelsflotten", Jahrb. d. Schiffbautechn. Gesellschaft, 1904, S. 105.
[2]) Vogel, „Die Grundlagen der Schiffahrtsstatistik", Berlin 1911.

bare Unterlagen liefert. Wenn diese neuen Ergebnisse auch von den alten beträchtlich abweichen, so braucht auch jetzt nur wieder, wie es seit Kiaer schon üblich ist, ein Reduktionsfaktor eingeführt zu werden, und weniger zutreffend als bisher können auch die neuen Vergleichswerte der früheren Statistiken nicht werden. Für die Zukunft werden aber — und das ist ganz besonders wichtig — nach Annahme des neuen Vermessungsverfahrens Irrtümer und Unklarheiten vollständig ausgeschlossen sein, und die Zuverlässigkeit der kommenden Statistik wird durch keine Möglichkeit einer anderen Auffassung beeinflußt werden können.

Die vorgeschlagene Abänderung der Schiffsvermessung hat auch insofern noch für die Statistik eine besondere Bedeutung, als zugleich mit dem Vermessungsergebnisse ein höchst wichtiges ökonomisches Vergleichsmaß geliefert werden kann, nämlich das Maß der Transportleistungsfähigkeit. Man multipliziert die neue Nettotonnage mit der Geschwindigkeit der Schiffe und hat damit einen einwandfreien Vergleichsmaßstab für die Leistungsfähigkeit der Schiffe. Die bisher üblichen Umrechnungen der Seglertonnen in Dampfertonnen (1 Seglertonne = 3—4 Dampfertonnen) fallen dann fort. Sie gaben übrigens einen den wirklichen Verhältnissen so wenig entsprechenden Vergleich, daß damit die ganze Statistik auf eine höchst unsichere Basis gestellt wurde.

Die angedeuteten Vorzüge des neuen Vermessungsverfahrens und sein wohltätiger Einfluß auf Technik, Handel und Statistik dürften damit zur Genüge gekennzeichnet und bewiesen sein. Vielleicht gelingt es diesem Vorschlage, sich die Beachtung zu sichern, welche der bedeutungsvollen Frage einer Neugestaltung von Schiffsvermessung und Hafenabgaben jetzt zugewendet werden muß, nachdem sich aus allen Kreisen energisch Stimmen gegen die Beibehaltung der bisherigen Vermessung erhoben haben, zumal die Angelegenheit mit der Eröffnung des Panamakanals von neuem in Fluß kommen muß. Einer internationalen technischen Kommission dürfte es dann vorbehalten bleiben, die Gewichtskoeffizienten für Schiff, für Antriebsvorrichtungen und Betriebsstoff für die einzelnen Typen festzulegen.

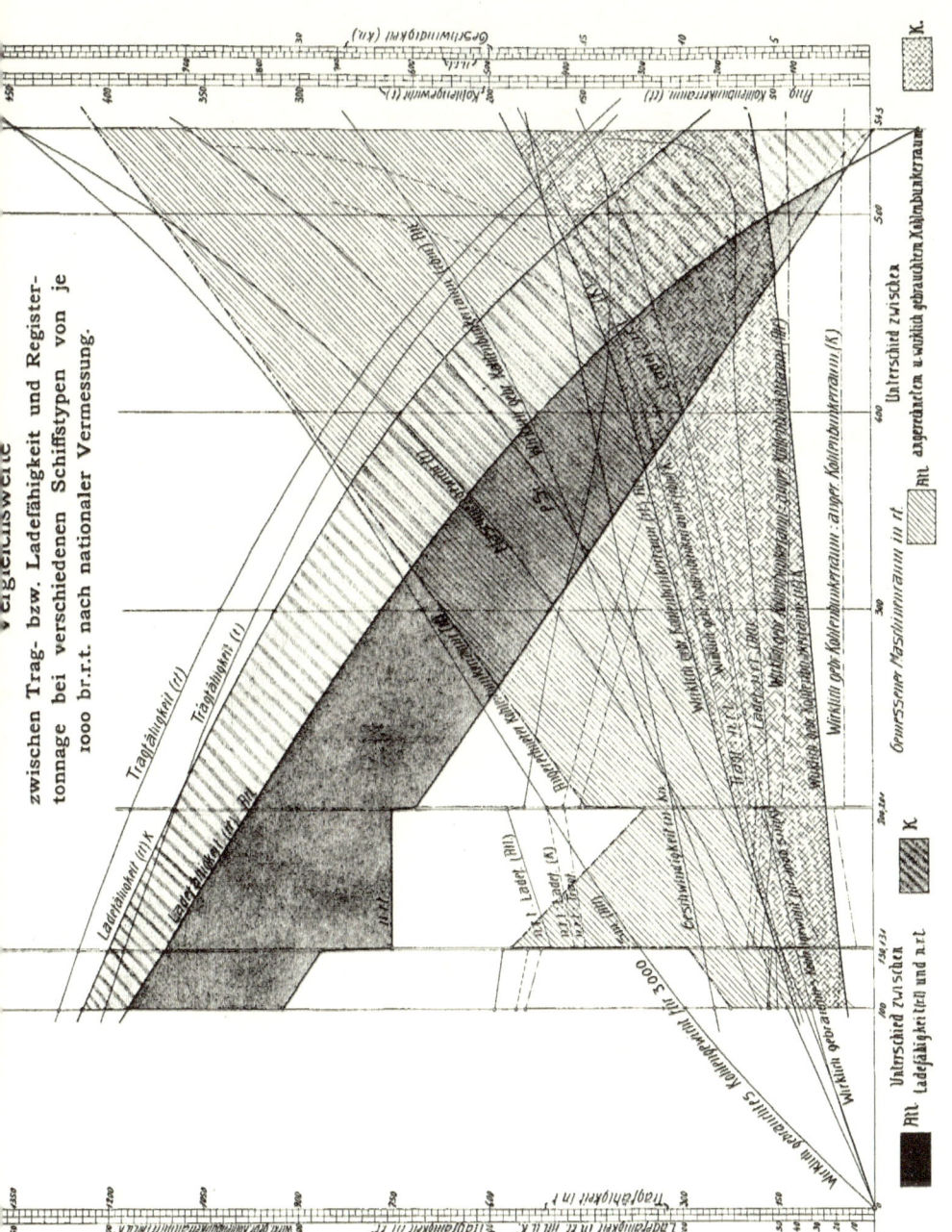

Tafel I.

Tafel II.

Verhältniswerte.

$$\frac{Br.r.t.}{n.r.t.}$$

für verschiedene Schiffstypen.

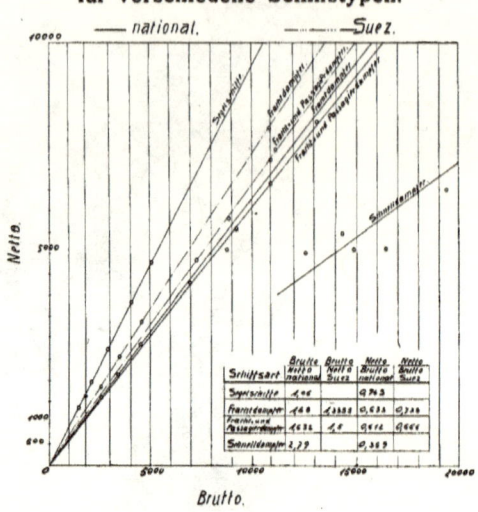

$$\frac{Br.r.t.}{L \times B \times H} \qquad \frac{n.r.t.}{L \times B \times H}$$

für Schiffe auf atlantischer Fahrt.

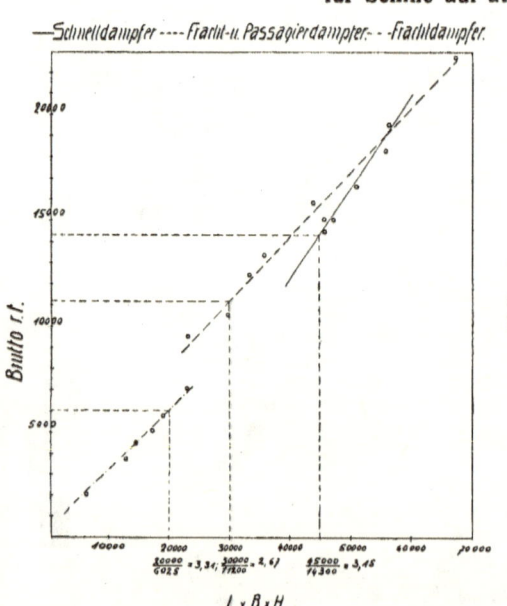

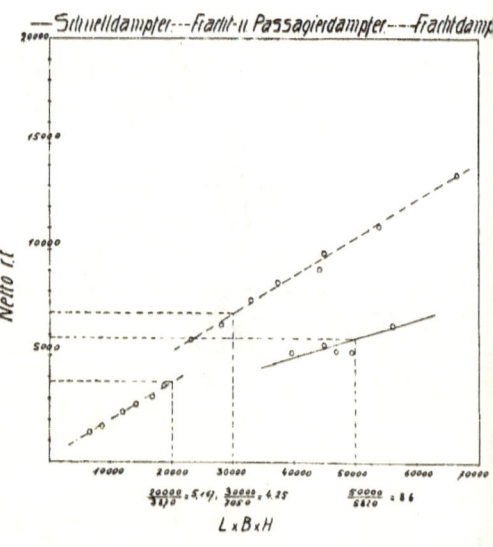

Tafel III.

Verhältniswerte

von Schiffen des Norddeutschen Lloyds auf atlantischer Fahrt

$$\frac{\text{br.r.t.}}{\text{Tragfähigkeit}}$$

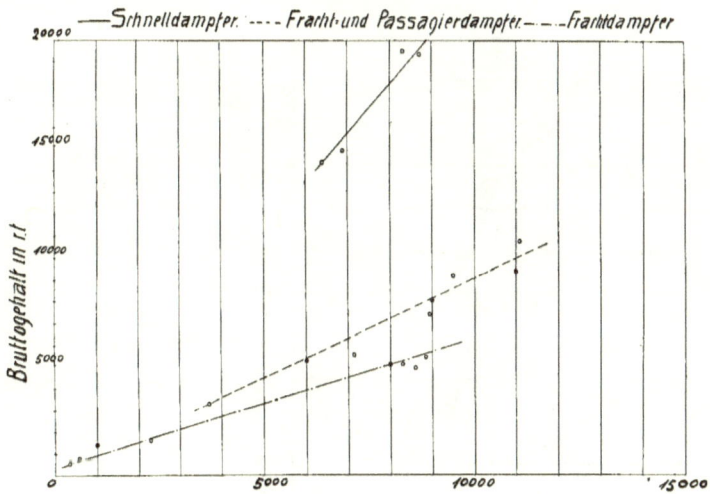

$$\frac{\text{n.r.t.}}{\text{Tragfähigkeit}}$$

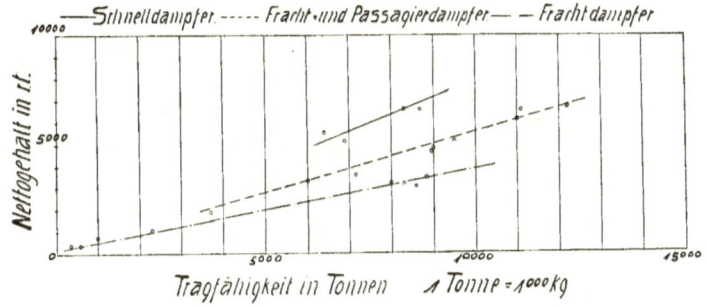

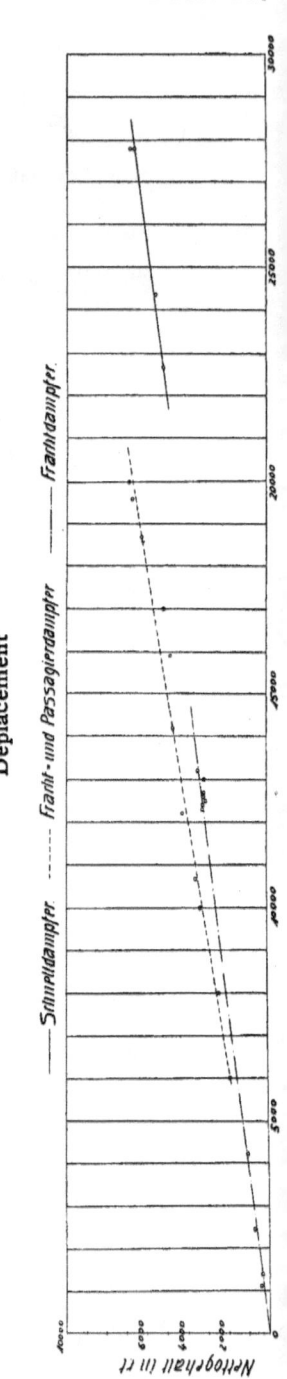

Tafel IV.

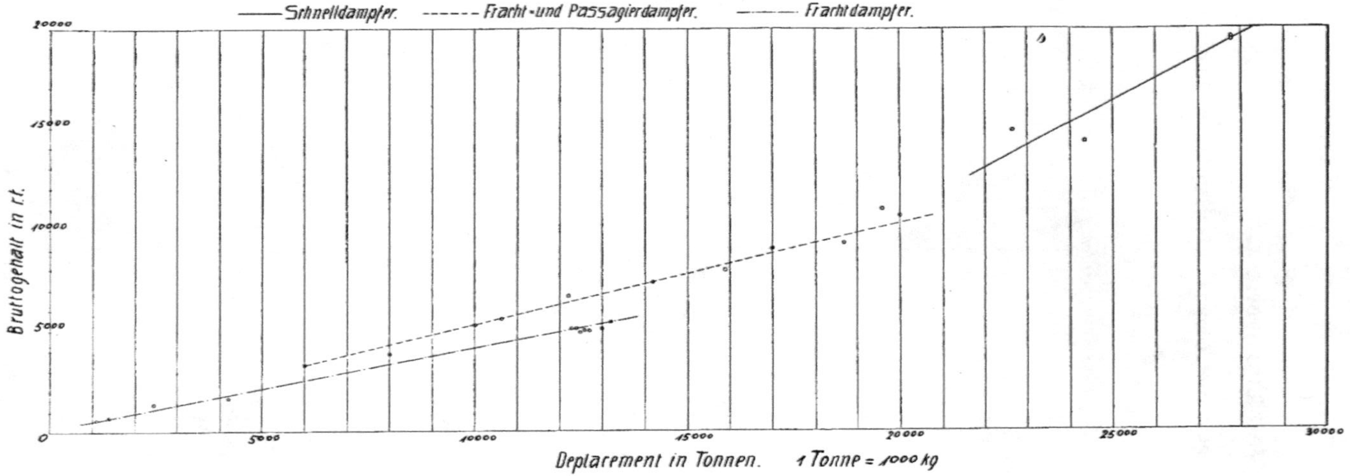

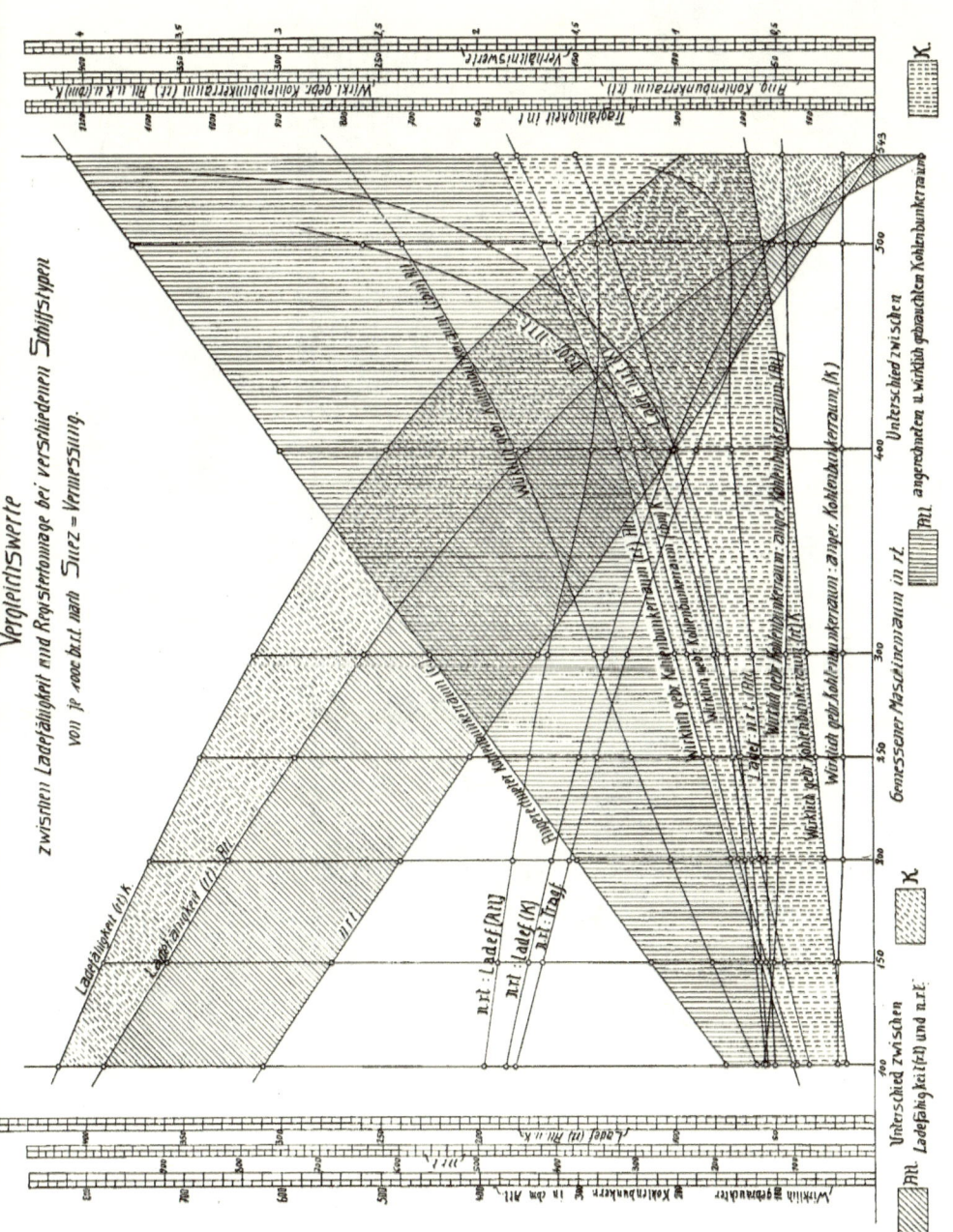

Tafel V.

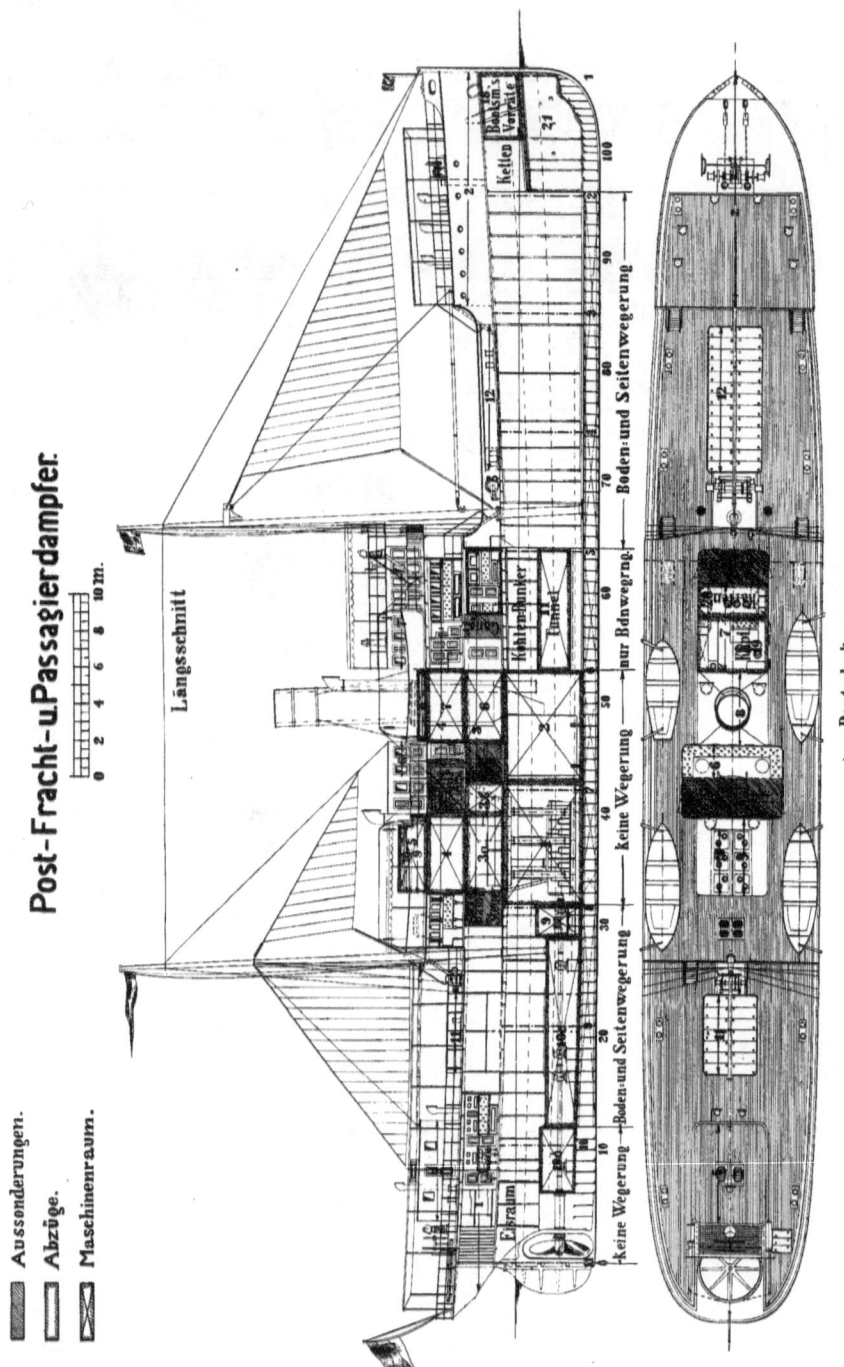

Tafel VI.

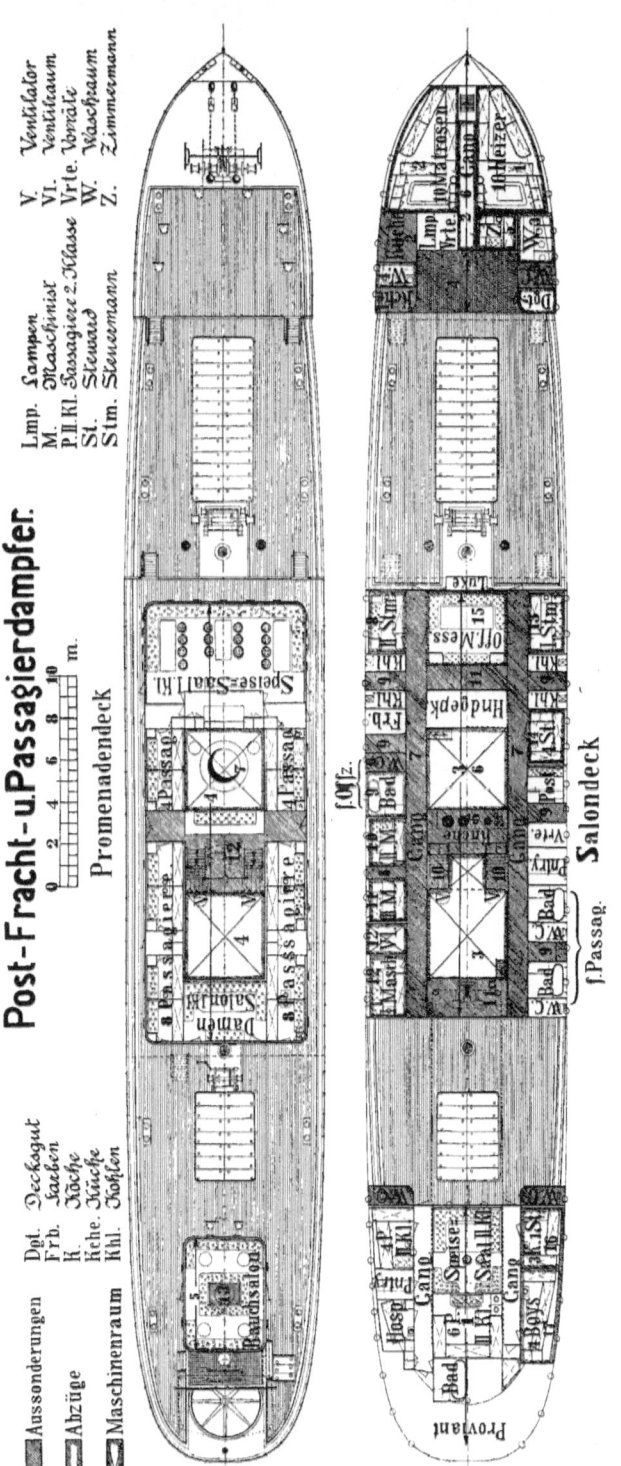

Tafel VII.

www.ingramcontent.com/pod-product-compliance
Lightning Source LLC
Chambersburg PA
CBHW021712230426
43668CB00008B/816